고존으로 승부하라

GET IN THE GO-ZONE
고존으로 승부하라

매일매일을 최고의 날로 만드는 습관

마크 맥키언 지음 | 이은주 옮김

고존으로 승부하라

매일매일을 최고의 날로 만드는 습관

지은이 | 마크 맥키언
옮긴이 | 이은주

초판 1쇄 발행 | 2013년 10월 22일

발행처 | 도서출판 작은씨앗
공급처 | 도서출판 보보스
발행인 | 김경용
책임편집 | 이재두

등록번호 | 제300-2004-187호   등록일자 | 2003년 6월 24일

주소 | 서울시 서초구 서초동 1355-17 서초대우디오빌 1008호
전화 | (02) 333-3773   팩스 | (02) 735-3779
이메일 | ky5275@hanmail.net

ISBN 978-89-6423-160-9 13320

값은 뒤표지에 있습니다.
잘못된 책은 구입하신 서점에서 바꾸어 드립니다.

이 도서의 국립중앙도서관 출판시도서목록(CIP)은 서지정보유통지원시스템 홈페이지(http://seoji.nl.go.kr)와 국가자료공동목록시스템(http://www.nl.go.kr/kolisnet)에서 이용하실 수 있습니다.
(CIP제어번호: CIP2013018921)

캐롤, 잭, 그리고 샘에게……
나는 얼마나 대단한 행운아인가!

감사의 말

미스치프 모티베이션 애티튜드 피티와이 사Mischief Motivation Attitude Pty Ltd.의 동료 이사들인 데렉 퍼시벌Dereck Percival, 쉐인 가너Shane Garner, 스콧 맥케이Scott Mackay에게 깊은 고마움을 전한다. 이 책은 그들이 고존Go Zone의 진화에 크게 기여해온 바가 없었다면 결코 세상에 나오지 못했을 것이다.

하루하루를 최고의 날로 만드는 작업, 고존

"중요한 날은 오늘뿐이다."

— 레이랜드 조네즈 Layland Jonez

'고존'은 하루하루를 최고의 날로 만드는 작업이다. 고존은 실행하기 쉬우면서도 강력한 습관이며, 우리의 뇌가 가장 활발히 활동할 때 중요한 일을 하고 그렇지 않을 때 덜 중요한 일을 함으로써 효율성을 극대화시키고 획기적인 성장을 이루도록 돕는 탁월한 사고 체계다. 덤으로, 고존은 하고 싶은 일을 할 시간이나 아무것도 하지 않아도 되는 시간을 명확히 알고 지혜롭게 사용하도록 도와준다.

고존은 '시간 관리' 프로그램이 아니다. 시간 관리란 이미 스케줄이 차고 넘치는 날에 뭔가 하나를 더 끼워 넣는 것이기 때문이다. 고존은 자신을 위한 새로운 시간, 이제까지 한 번도 경험해보지 못한 시간, 자신과 가족, 그리고 자신의 성공에 투자할 수 있는 시간을 제공해주는 효과적인 '시간 창출 프로그램'이다.

우리는 가장 중요한 일에 온힘을 쏟고 그 시간을 아우름으로써 생산성을 높일 수 있다. 우리가 알고 있는 행동과 과제들이 우리에게 더 큰 성공을 가져다줄 것이다. 이 시간을 상대적으로 집중도가 낮은 시간과 균형을 맞출 때 우리는 더 많은 성취와 재미를 창출해낼 비법을 갖게 된다.

고존은 다양한 분야에서 바쁘게 활동하는 유능한 전문가들, 가정과 개인 생활을 좀 더 효율적으로 꾸려가고 싶어 하는 각계각층의 사람들이 적극 활용해왔다. 고존은 시간의 효율적 사용을 훨씬 뛰어넘는 강력한 무기다. 그것은 집중력을 최대로 끌어올리기 위한 특별한 프로그램이자 누구나 쉽게 배우고 일상에서 활용할 수 있는 생활 프로그램이다. 나는 당신이 우리와 손을 잡고 자신만의 고존에 들어가기를 강력히 권하고 싶다.

이 책은 가급적 짧은 시간 안에 고존 과정을 통달하도록 도와줄 것이다. 즐겁게 책장을 넘기면서 제4장 이후에 나오는 짧은 일화들에서 재미와 의미를 발견하고 그 '존'들을 이용해 좀 더 풍요로운 삶을 살게 되기를 바란다.

— 마크 맥키언

■ 차례

제1장

고존의 진화

“

실패해도 그 실패의 교훈은 잊지 마라.

― 달라이 라마Dalai Lama ―

”

십대 시절 크리켓 시합을 할 때마다 나는 최소 20점은 득점하겠다고 다부지게 마음을 먹곤 했다. 그 정도는 해줘야 신문에 이름이 오를 수 있기 때문이었다. 꽤나 명확한 목표였지만, 나는 그 목표에만 지나칠 정도로 초점을 맞추었을 뿐 어떻게 그것을 달성할 것인가에 대해선 별로 관심을 기울이지 않았다.

나는 '어떻게'에 더 많이 초점을 맞추고 '얼마나'에는 덜 초점을 맞추었어야 했다. 그리고 결과보다 방식에 더 집중할 필요가 있었다. 하지만 그게 어디 말처럼 쉬운가. 나는 그렇게 해야 옳다는 건 알고 있었지만 실제로 내 자신이 어떻게 해야 하는지는 알지 못했다.

교훈 1: '어떻게'에 더 집중하고 '얼마나'에는 덜 집중하라

15년 후, 나는 한 남성 건강잡지의 편집장이 돼 있었다. 소규모 사업이 대부분 그렇듯, 네 일 내 일 없이 모두가 손을 모아야 했고 멀티태스킹multi-tasking은 필수였다.

나에게 그건 기사들 중 일부는 직접 쓰고, 나머지는 편집을 하고, 광고까지 따와야 함을 의미했다. 우리의 주요 광고주들은 운동화 부문 대기업, 스포츠 의류업체, 건강식품회사, 운동장비 제조회사 등이었는데, 운이 좋으면 거기에 자동차나 화장품 또는 패션업체 같은 광고계의 큰손들이 포함되었다. 나는 빈 광고 지면을 채우기 위해 수도 없이 전화를 걸고, 숱한 제안서를 써대고, 수많은 질문에 답변을 해야 했다.

가끔은 일이 술술 잘 풀려 수화기를 들 때마다 양면 광고쯤은 쉽게 따낼 것 같은 기분이 들었다. 그런 경우엔 회사의 재정 상태에도 숨통이 트일 뿐 아니라 손에서 놓기가 싫을 정도로 일이 재미있었다. 몇 번인가는 자신감이 하늘을 찌르는 통에 잠재 광고주한테 전화를 걸어 다짜고짜 이렇게 묻기까지 했다.

"이번 호에 몇 페이지나 광고를 싣고 싶으세요?"

결과가 조만간 겉으로 드러나는 일을 하는 대다수 사람들이 경험하듯 때에 따라 상황이 힘들어지기도 한다. 할당량을 채우려 뼈 빠지게 노력했지만 아무리 애를 써도 전면광고나 3호 연속광고는 고사하고 이러다 운이 나쁘면 한 칸짜리도 못 따내지, 싶은 때도 있었다.

자신을 다그쳐가며 전화통을 붙들고 '누가 이기나 보자'는 식의 오기를 부려봤으나 퇴짜를 맞으면 맞을수록 나는 패배주의와 운명론에 점점 더 깊이 빠져들었다. 끈기는 있으되 요령은 없었던 것이다. 잔뜩 의기소침해진 나는 잠재 광고주에게 전화를 걸어서는 미리 부정적인 어조로 다음과 같은 질문을 건네곤 했다.

"혹시 다음 호에 광고를 실을 생각은 없으신가요?"

그러면 듣기가 두려운, 뻔한 대답이 돌아왔다.

"미안하지만 관심 없네요!"

십대 시절의 크리켓 시합을 통해 '지금'에 좀 더 집중하라는 교훈을 얻었을 법도 하건만 나는 여전히 '잘나갈 때'는 너무 들뜨고 '못나갈 때'는 지나치게 기죽어 있었다.

나는 현재에 좀 더 초점을 맞추는 습관을 들여야 한다고 판단했다. 또한 앞선 전화 통화나 앞선 만남이나 앞선 과제로부터 좀 덜 영향을 받도록 하는 데 도움이 될 만한 시스템이 필요했다. 그 시스템은 내가 과거에 한 일에서 거둔 성공이나 실패에 관한 것이 아니었다. 그다음에 관한 것이어야 했다.

잡지사를 그만둔 지 몇 년 후, 내 첫 책이 출간되어 어느 정도 성공을 거두자 출판사는 재빨리 후속작을 내놓아 그 여세를 몰아가고자 했다. 나는 촉박한 마감시한에 쫓기며 미친 듯이 글을 썼고, 갈수록 늘어나는 일감과 꾸린 지 얼마 안 된 가정을 돌보느라 하루하루 눈코 뜰 새 없이 바쁜 나날을 보냈다. 당시만 해도 가족과 보내는 소중한 시간을 놓친다는 건 있을 수 없는 일이었기에 매일 밤 캐롤과 아이들이 잠자리에 들기를 기다렸다가 노트북을 켜고 전선을 뽑은 다음 글을 써 내려가기 시작했다.

기억할지 모르겠는데, 당시 노트북 배터리는 겨우 50분가량 버티다가 방전 경고음을 내곤 했다. 날마다 딱 그만큼이 내가 글을 쓰는 시간이었다. 그 시간 동안엔 어떤 결정도 내릴 일이 없었다. 나는 경고음이 울릴 때까지 글을 썼다. 커피도 안 마시고, TV도 안 보고, 전화 통화도 안 하고, 스트레칭도 안 하고, 어떤 핑계도 안 댔다. 100단어나 1,000단어를 쓰려고 한 게 아니었다. 그저 경고음이 울릴 때까지만 글쓰기에 온전히 집중했다.

어느 밤에는 물 흐르듯 글이 써지고 또 어느 밤에는 도무지 진도가 안 나가 애를 먹었지만, 나는 자신을 좀 더 엄격히 통제한 상태에서 한 번에 한 가지 일에 집중하고 관심의 초점을 유지할 필요가 있었다. 일단 경고음이 울리면 긴장을 풀고 모든 걸 내려놓았다. 물론 그때까지 타이핑한 내용을 부리나케 저장을 한 후에!

교훈 3: 시간 제한을 두고 쭉 나아가되, 정해진 때가 되면 어김없이 멈춰라

이런 경험들은 내게 많은 것을 가르쳐주었다. 크리켓은 당장의 과제, 또는 내 영향력이 미치는 그다음 사안이나 영역에 좀 더 관심을 기울일 때 가장 좋은 결과를 기대할 수 있다는 걸 알게 해주었다. 누구든 마찬가지다. 너무 멀리 앞서가

거나 스스로 통제하지 못하는 일에 매달리지 않으면 훨씬 더 생산적이 될 수 있다.

잡지사에서의 광고 수주 업무를 통해 나는 전화 통화를 할 때나 과제 수행 시 최상의 수준에 도달하기 위해 변화무쌍한 상황들에 휘둘리지 말아야 한다는 걸 알게 되었다. 판촉 전화가 바로 그런 대표적인 예다. 이는 우리가 직면하는 어떤 과제에든 다 적용된다.

이 책을 집필하는 과정에서 정해진 규율과 시간을 따르는 습관이 절실히 필요하다는 생각이 들었다. 왜냐하면 에너지와 영감이 찾아오길 그저 막연히 기다릴 경우 아주 오랫동안 기다리게 될 것임을 알게 되었기 때문이다. 나는 '만일'과 '그러나'와 '아마도'를 배제시킬 방법이 필요하다는 것을 깨달았다.

다음 도전은, 누구나 사용할 수 있는 방법으로 이 세 가지 교훈들을 결합하고 분배하여 좀 더 효과적이고 자유로운 시간을 만들어내는 것이다. 나는 이 원칙들을 바탕으로 규율·습관·보상 시스템을 고안하여 '고존'이라 이름 붙였다. 우리 모두는 긍정적이든 부정적이든 과거 경험에 대한 편견을 배제하면서 당장의 목표에만 집중하는 법을 배울 수 있다. 또 언제 집중할 필요가 있으며, 또 언제 어떤 이유로 주의를 거둘 필요가 있는지도 배울 수 있다.

　‘고존’ 이론이 만들어진 지 어언 25년이 지났다. 기조연설자인 나는 지독히도 바쁘게 생활하는 사람들을 많이 만난다. 대부분의 경우에, 그들이 한 영역에만 관심을 유지할 수 있는 유일한 방법은 다른 영역을 소홀히 하는 것이다. 일반적으로 일이 우선이고 삶은 뒷전이다. 물론 우리가 취하는 조치에는 언제나 결과가 따르며, 그 결과는 대개 부정적이고 때로는 절망적이기까지 하다.

　고존을 개발함으로써 나는 바쁜 생활을 참고 견디기보다는 즐기는 방법을 공유할 수 있게 되었다. 고존을 독자들과 공유하게 되어 영광스럽고 기쁘다.

　어느 날 주위에 아무도 없을 때 거울 앞을 지나게 되거든, 거기에 비친 자신을 똑바로 쳐다보며 손가락을 뻗어 큰 소리로 이렇게 말해보라.

　“고존에 들어가!”

비-해브-두

트라이앵글

“
우리 존재의 85퍼센트는 무의식적 믿음에 지배당한다.
”

고존에 본격적으로 뛰어들기 전, 당신이 얼마나 합리적이고 효율적이며 효과적으로 생활하는지 정확히 알아보자.

'비-해브-두' 트라이앵글은 데렉 퍼시벌, 스콧 맥케이, 쉐인 가너, 컨퍼런스&트레이닝 컨설턴시 Conference and Training Consultancy의 동료들과 이사진, 미스치프 모티베이션 애티튜트 피티와이 사가 고안한 개념으로, 세 가지 핵심 영역에서 자신을 평가할 것을 요구한다.

- 나는 어떤 사람이 되고 싶은가?
- 나는 무엇을 가지고 싶은가?
- 나는 무엇을 해야 하는가?

먼저, 당신은 어떤 사람이 되고 싶은가? 태도의 능동성 관점에서 자신을 어떻게 평가하는가? 그것은 당신이 매일 얼마나 의욕적이고, 단호하고, 긍정적이며, 낙천적인지에 대해 점수(10점 만점)를 매기는 것이다. 당신은 태도 하나만으로도 많은 걸 이룰 수 있다. 어떤 사람들은 컵에 물이 반이나 차 있고 금방 넘칠 거라 생각하며 살아간다. 그들은 '변명은 통하지 않아', '내가 어떻게 하느냐에 달렸어'와 같은 주문을 자꾸 머릿속으로 되뇐다. 그들은 그야말로 10점 만점짜리다. 그들의 태도는 환경에 영향을 받지 않는다.

만일 당신이 이렇다면, 새벽 6시에 일어나야 하는데 새벽 3시에 잠이 깼다고 해서 '이런, 얼른 다시 자야겠다, 안 그러면 아침에 피곤할 거야'라고 생각하지는 않을 것이다. 오히려 속으로 이렇게 말하지 않을까. '잘됐군! 3시간이나 더 여유가 생겼네.'

10점 만점에 5점짜리는 의욕을 불러일으키려고 애는 쓰지만 주변 상황에 의해 태도에 적잖이 영향을 받는 사람이다.

이런 사람은 사정이 나쁘거나 날씨가 흐릴 때 부정적이거나 미적지근한 태도를 쉽게 취할 수 있다.

10점 만점에 1점짜리는 자기가 대충 할 수 있는 것만 하는 사람, 이 책을 읽을 가능성이 희박한 사람이다. 특히, 기분이 별로일 때!

물론, 당신이 이 예들과 자신을 어떻게 비교하느냐에 따라 1과 10 사이의 어떤 점수라도 나올 수 있다. 당신의 태도 점수는 전적으로 주관적인 것이며, 처음 든 생각이 최선의 생각이다. 머리에 딱 떠오른 숫자가 당신의 태도 점수를 가장 잘 반영하는 것이다.

그러면 당신의 태도 점수는 얼마인가? 10점 만점에 몇 점인가? 원한다면 아래에 적어도 좋다.

내 태도 점수는 _____ 점이다.

당신의 태도 또는 '비' 점수를 계산했으니, 이제 '해브' 점수를 알아보도록 하자.

무엇을 갖고 싶은가

'비-해브-두' 트라이앵글의 두 번째 부분은 향후 목표나 보상의 명확성에 대한 평가다. 향후 6~12개월 동안 이루고 싶은 것들에 대해서 말이다. '해브' 점수는 향후 목표나 보상의 명확성에 관한 것이지, 그것의 규모나 돈의 액수, 또는 얼마나 성취 가능한가의 문제가 아니다.

무엇이 당신의 집중력을 유지시키는가

목표가 언제나 기업의 매출액이나 월간 예산, 몸무게나 골프 핸디캡, 3년 또는 5년 뒤에 달성하고픈 경력과 관련 있지는 않다. 그냥 좋은 무언가를 더 갖고 싶다거나 해로운 무언가를 덜 갖고 싶다는 식의 아주 작고 사소한 것일 수도 있다. 보상은 새 자동차처럼 수천 달러가 들 수도 있고, 하루의 휴가일 수도 있으며, 밤에 나가 놀기나 낮에 쉬기처럼 더 소소한 것일 수도 있다.

목표나 보상은 꼭 많은 돈이 들어갈 필요는 없으며 유형일 수도 무형일 수도 있다. 하지만 당신에게 반드시 중요한 의미를 지녀야 한다.

자동차, 휴가, 보트 및 기타 돈이 많이 드는 품목들이 효과가 좋기는 하지만 그것들을 손에 넣을 만큼의 돈을 모으기까지는 여러 해가 걸릴 수도 있다. 그보다 작은 단기 인센티브도 당신이 의욕을 잃지 않도록 하는 데에 대단히 효과적일 수 있다. 예컨대 자전거, 옷, 주말 여행, 신발, 장난감 같은 것들이 당신을 계속 목표에 매진하도록 만드는 데 필요한 것들일 수도 있다.

무형의 목표도 매우 강력하다. 더 적극적인 태도나 더 좋은 식습관 가지기, 규칙적으로 운동하기, 직장에서나 가정에서 더욱 헌신하기 등이 목표일 수도 있다. 나쁜 버릇 고치기에 초점을 맞출 수도 있다. 목표가 무형의 것일 수는 있으나, 내 경험에 비추어보면 목표는 뜻한 바를 이룬 데 대한 일종의 보상을 포함하고 있을 때 가장 효과가 좋다. 당신이 무엇을 가지거나 얻고 싶은지, 그게 전부이다.

얼마 전 비행기에서, 1년 동안 저금한 돈으로 오래전부터 꿈꾸던 여행길에 오른 한 무리의 사람들이 내 옆자리에 앉았다. 어찌나 신나고 즐거워하던지……. 그들에게 이미 그 휴가라는 목표는 그들이 그 자리에 있기 위해 투입했던 노동의 가치를 지니고 있었다. 이 경우에 목표는 돈을 저축하는 것이었고, 보상은 휴가였다.

부단히 노력하여 마침내 뭔가를 이루어내고, 또 그 성취를 즐기게 된 목표에서 나오는 보상보다 인생에서 더 만족스러운 것은 없다. 그렇다면 당신의 현재 목표는 얼마나 명확한가? 정확히 무엇인지 알고 있는가? 무엇을 얻거나 가지고 싶은가? 그것을 이루어낸다면 당신은 그 성취를 어떻게 인정하고 축하할 것인가? 보상은 무엇인가?

'해브' 점수에서 자신을 높이 평가하기 위해 거창한 목표가 필요하지는 않다. 하지만 명확한 목표와 그것을 제대로 인정할 방법은 필요하다.

6개월을 바쁘게 일하고 나서 휴가를 얻기를 갈망하며 (이미 언제, 어디로, 누구와 같이 떠날지 알고 있다) 티켓과 숙소도 예약이 돼 있다면 당신은 10점을 받아도 좋다. 5개월 만에 5킬로그램을 감량하는 목표를 세웠으나 아무런 보상이 없다면, '해브' 점수로 6 정도만 줄 수 있을 것이다. 왜냐고? 그 보상이 있음으로써 목표 달성 가능성이 훨씬 커지기 때문이다. 저울에 나타나는 숫자를 볼 때의 만족감이 보상이 될 수도 있겠지만, 새 옷이나 장난감을 듬뿍 안겨주는 식의 보상은 당신이 원하는 걸 얻는 데에 도움이 될 것이다.

스스로 물질적 보상을 내리는 것을 꺼림칙하게 여기지 마

라. 그것은 크게 동기를 유발한다. 내년에 무언가를 기념하기 위해 여행을 갈까 생각 중인데 어디로 누구와 갈지 정하지 못한 상태라면 설사 그 생각이 아주 확고하다 해도 당신의 점수는 5점 내외에 그칠 것이다. 너무 막연하기 때문이다. 일정을 계획해놓기만 해도 점수는 상승하고 당신의 기대감도 덩달아 커질 것이다.

그 목적지가 바다든 도로든, 평가에는 전혀 차이가 없다. 중요한 건 명확성이니까. 물론, 이는 휴가에 관해서만이 아니다. 보상은 새 TV일 수도 있고, 화려한 의복이나 시계일 수도 있다. 당신이 평가하는 것은 목표와 보상의 명확성이지, 그것들의 가격이 아니다. 만약 당신이 목표를 즐겨 세우지 않는다면, 아침에 일어나 숨 쉬는 것만으로도 행복하고 다른 건 모두 보너스로 여기는 사람이라면, 유감스럽게도 당신은 훨씬 더 낮은 점수를 받아야만 할 것이다. 목표를 세우거나 보상을 정하는 걸 좋아하지 않는 사람들이 있는데, 그게 바로 그들이 많은 걸 성취하지 못하는 이유다.

점수를 매길 때, 그것은 당신의 목표나 보상이 얼마나 고결한지, 얼마나 요란하고 대담한지, 혹은 얼마나 돈이 드는지를 측정하는 것이 아님을 잊지 마라. 이번에도 당신의 점수는 1과 10 사이의 어떤 숫자든 될 수 있다. 그 점수는 당신의 목표나 보상이 얼마나 명확한지를 반영한다.

'비-해브-두' 트라이앵글의 마지막 부분은 '두'이다. 셋 중에서 가장 어려운 요소다.

무엇을 해야 하는가

'두' 요소에서 점수를 잘 받으려면 체계적으로 사는 사람이어야 한다. 매일 중요한 일들을 원활히 처리해나가고, 해야 할 일의 목록이나 과제에서 벗어나지 않으며, 바른 길을 갈 수 있다는 걸 지속적으로 보여주어야 한다. 어쩌면 당신은 목록을 너무도 사랑하는 나머지 목록에 오르지 않은 일까지도 미리 해버리고는 얼른 수첩에 적어놓고 줄을 긋는 유형일지 모른다.

자신에게 8점 이상을 주기 위해서는 생활에 빈틈이 없고, 반듯하며, 집중도가 아주 높아야 한다. 중간 정도의 점수는 대부분의 시간에 바른 길을 걷고 계획성 있게 지내려고 노력은 하지만 핑계를 지어내고 때때로 궤도에서 이탈하는 사람들과 연결된다. 그런 사람들은 눈코 뜰 새 없이 바쁠 때가 생산적인 시간이라고 생각하는 경향이 있다. 그들은 언제나 중요한 일부터 처리해나가지는 않으며, 가끔은 중요한 일을 제시간에 해놓지 않거나 전혀 손을 대지 않기도 한다.

4점 이하는 쏟아져 들어오는 이메일들 때문에 자주 정신이 팔리고, 3~4분 이상 궤도에 머무는 법이 없으며, 매우 시끄러운 방해물이나 방금 받은 요구사항으로 관심이 쏠리는 사람들이다.

그들은 좋은 의도로 하루를 시작하고, 우선순위가 매겨진 할일 목록이 함께할 때도 있다. 그러나 목록은 건드리지도 못한 채 하루를 마감하는 경우가 잦으며 어떤 날엔 목록이 늘어나 있기까지 하다. 그들에게는 어제가 오늘 같고 오늘이 어제 같다. 또는 깊이만 다른 같은 내용의 사안이거나! 부디 자신의 체계성에 대해 정직하게 평가하도록.

내 '두' 점수는 _____ 점이다.

세 가지 점수를 매겨줘 고맙다.

'비-해브-두' 트라이앵글은 삶과 일에서 효율적인 사람이 되고 시간을 창출하기 위해 우리 모두에게 필요한 핵심 요소 3가지를 요약해놓고 있다. 태도, 목표, 그리고 보상과 행동이 그것이다.

태도와 행동이 목표를 달성한다

태도와 행동이 목표를 달성한다. 여기에서 한 요소가 빠지면 다른 두 요소가 필연적으로 곤란을 겪게 된다.

▶ 강한 체계성Do과 적극성Be은 효과적인 조합이다. 그러나 명확한 목표Have가 없다면 당신은 어디로 향하게 될까?

▶ 강한 체계성Do과 명확한 목표 또는 보상Have은 당신을 계속 정진하게 만드는 태도가 뒷받침되지 않는다면 흔들리고 말 것이다.

▶ 굳건한 태도Be와 분명한 목표Have가 있어도 당신이 해야 할 일Do을 하지 않고 있다면 아무 소용이 없을 것이다.

우리에게 세 가지 요소 모두가 필요하다는 걸 납득시키기 위해 이처럼 에둘러 설명해보았다.

  ·고존으로 승부하라

당신의 최저 점수는 얼마인가

대다수의 사람들이 최저 점수를 주는 항목은 트라이앵글의 세 번째 항목인 '두'다. 그것은 향상될 가능성이 가장 큰 영역으로서, 고존의 중심이다.

Fact 1: 대다수 사람들은 체계성 Do 보다 태도 Be 와 목표의 명확성 Have 에 대해 자신을 더 높게 평가한다.

Fact 2: 대다수 사람들은 체계성 항목에 대하여 실제보다 2~3점 더 높게 자신을 평가한다.

'고존' 세미나에서 우리는 자원자들을 점수에 따라 줄을 세운다. 10점 만점에 가까울수록 강당 앞쪽에 가깝게 서고, 점수가 낮을수록 뒤쪽 벽에 가깝게 서도록 한다. 이렇게 함으로써 강당 안의 모든 사람이 각자 자신을 어떻게 평가하고 있는지 분명하게 확인할 수 있다.

일반적인 답변들

Be(태도): 대다수의 사람들은 자신이 능동적인 태도를 유지하고 있다고 여긴다. 5점 이하로 평가하는 사람들은 거의 없다. 참가자들의 대다수가 스스로 7~8점 정도라고 본다. 긍정적인 생각을 하는 전문가들 중 몇몇은 자신에게 9 또는 10점을 준다(스스로 불가능이란 없다고 여기기에 벽을 통과해서 반대편으로 가려고 드는 사람들이다). 심지어 11점을 줄 수는 없느냐고 묻는 경우도 있다.

Have(목표): 대다수의 사람들은 또한 자신이 목표 설정을 잘한다고 생각한다. 적극적인 태도와 일맥상통하는 부분이다. 개인차가 조금은 있어서, 태도 점수 8점인 일부 사람들은 목표 점수가 6점밖에 안 될 수도 있다. 태도 점수 6점에 해당하는 사람들 중 소수는 강한 목표 의식을 가지고 있어 강당 앞쪽으로 더 나아간다.

그러나 전체적으로는 그룹 윤곽이 크게 바뀌지 않는다. 자주 있는 일이지만, 전체적인 윤곽은 바뀐다 해도 조금만 바뀐다.

Do(개인의 체계성) : 여기에서 연결고리가 끊긴다. 솔직한 사람들이 자신의 체계성과 절제력이 태도나 목표 집중성만큼 강하지 않다고 인정함으로써 대거 뒷벽으로 이동하는 현상이 나타난다. 극장에서 영화가 끝나자마자 너도나도 출구로 향하는 모양새다. 어떤 그룹에서는 마치 타이타닉 호가 빙산에 부딪쳐 다들 기울어진 한쪽으로 우르르 쏠리는 것처럼 보이기도 한다.

극적인 변화다. '비-해브-두' 트라이앵글에서 우리 대부분이 가진 취약점은 '두' 영역이라는 것에 의심의 여지가 없다. 성공하기 위해 해야 할 일이 무엇인지 아는 때에도 우리 대다수는 일상적으로 그 일을 실천하지 못하는 게 엄연한 현실이다.

당신은 언제 어느 때나 가장 중요한 것들에 초점을 맞추고 있는가?

대다수의 사람들은 자신의 체계성이 태도나 목표, 혹은 보상의 명확성보다 현저하게 뒤처진다고 평가한다.

바로 그렇기 때문에 고존이 당신을 도울 수 있는 것이다. 고존은 단순하고 효과적이며 당신의 일상생활을 혁신적으로 바꾸어놓을 만한 잠재력을 갖고 있다. 당신이 해야 할 일을 하도록 만들 것이다!

자, 고존으로 들어가보자.

제3장

한눈에 알 수 있는 고존

> **지식은 두려움을 물리친다.**
>
> — 사이먼 워커Simon Walker —

세 가지 존이 있다. 고존, 슬로존^{Slow Zone}, 노존^{No Zone}.
우리는 고존에서 최상의 수행을 하며 가장 생산적인
일을 한다. 슬로존에서는 효과는 덜하나 스트레스를 훨씬 적
게 받는다. 노존에서는 원기를 회복하고, 에너지를 충전하며,
기분을 전환한다.

고존

- 가장 중요한 일에 1~2시간 동안 온전히 집중함.
- 주의를 흩뜨리는 것도 없고 핑곗거리도 없음.

- 우선순위가 매겨진 '할 일'과 '하지 않을 일' 목록.

- 협상 불가의 목표. 부저가 울릴 때까지 매진함.

슬로존

- 낮은 스트레스 수준에서 중간급 일을 수행함.

- 기간이 길다. 한 주에 100시간도 흔함.

- 고존과 노존 사이의 과도기적 존.

- 중요한 결정이나 조치를 취하지 않음.

노존

- 일을 하지 않고 일에 대한 생각도 하지 않음.

- 다음 고존을 위해 완전히 원기를 회복하는 시간.

- 적당히 이기적인 시간으로 사용함.

- 고존 1시간 당 노존 1시간이 가장 적당함.

■ 피아노 조율사

어떤 집의 피아노가 한동안 고장이 나 있었다. 식구들이 나

서서 여러 번 건반 압력을 조정해보려 했지만 도무지 성공

할 기미가 보이지 않았다. 고민 끝에 그들은 결국 전문가를

제일 잘 통하는 건 의외로 단순한 것들일 때가 많다. 고존은 자기 자신을 조율하는 데 필요한 짧고 날카로운 충격일 수 있다.

제4장

고존

성격은 아무도 보지 않을 때의 당신이다.

— 제이씨 왓츠J.C Watts —

고존은 당신이 보낸 날들 중 가장 효과적인 날을 복제하고 일상에서 실현하는 일이다. 고존은 우리의 생산적 시간을 극대화한다. 고존은 방해물과 실수와 반복을 제거한다. 가장 중요한 일들에 집중하여 첫 번째 시도에서 무슨 일이든 제대로 해내도록 만드는 시스템이다.

고존은 우리가 한 주일의 전부 또는 일부에 반복 가능한 2시간짜리 고강도 집중을 가속화하는 동안 '이상적인 수행 상태Ideal Performance State, IPS'를 조성한다.

또한 사람들이 종종 등한시하거나 해야 한다는 확신이 부족한 핵심적인 일에 대한 기술을 발전시킨다. 당신이 사업을 한다면 이는 고객과 지속적으로, 그리고 자주 접촉하는 걸 의미한다. 세일즈 팀을 이끌고 있거나 상품이나 서비스 또는 자기 자신을 판매하고 있다면 거래를 청하거나 고객 소개를 부탁하는 것일 수도 있다.

당신도 알다시피, 일을 잘 해내면 고객 10명 중 2~3명은 다른 고객을 소개해주기도 한다. 하지만 일을 잘 해내고 소개도 부탁한다면 10명 중 최대 7명이 새로운 고객을 연결시켜줄 것이다. 혹시라도 당신이 이 사실을 잘 모르고 있을까 봐 하는 말이다.

일을 잘 해내고 부탁을 하면, 고객 10명 중 최대 7명은 당신에게 새 고객을 소개해줄 것이다!

고존은 비즈니스 및 세일즈와만 관련이 있지는 않다. 생활 속에서 가장 중요한 일들에 더 초점을 맞출 필요가 있는 누구에게나 통한다. 고존은 습관을 만들어주는 시스템이며, 그 습관은 당신도 잘 알고 있듯이 당신의 삶에 큰 유익이 될 행위를 좀 더 쉽게 반복하도록 만든다. 아침 일찍 산책할 생각을 하면서 '아침 컨디션은 일어나 보면 알겠지……'란 마음으로

 · 고존으로 승부하라

잠자리에 든 적이 있다면, 내가 한 가지는 장담할 수 있다. 즉, 그럴 기분이 안 들 것이다!

당신은 뭔가 결단해야 할 일을 잠시 내려놓고서 잠자리에 들 필요가 있다. '일어나면 산책 나갈 거야'라고 생각하면서…… 당장 내릴 결정이 없으니까, 제일 어려운 부분은 이미 처리된 셈이다. 그것이 고존에 들어 있을 때마다 구하게 되는 마음가짐이다. 고존은 우리가 사업이나 생활에 가장 중요한 일들을 일상적으로 하도록 만든다. '만약'도 없고 '하지만'도 없다. 우리는 항상 다음번 고존을 미리 계획해두며 고존에서 무엇을 하게 될 지를 안다.

고존은 두려움보다 믿음을 더 강하게 만드는 일이다. 고존은 당신을 자유롭게 한다. 더 이상 100가지의 할 일과 마주치지 않게 해줄 테니까. 앞으로 당신은 그때그때 해야 할 일 한 가지와 마주하게 될 것이다. 그 과제가 마무리되면 새 과제를 마주하게 되는데, 이번에도 하나뿐이다. 부담감과 의심과 염려는 당신이 이런 사고방식을 포용할 때 사라질 것이다.

■ **고존의 주요 특성 1**

가장 중요한 일에 온전히 집중하는 120분.

당신에게 성공을 가져다줄 일, 당신이 맡은 역할이나 삶에서 중요한 일을 하라.

지금 당신이 하고 있어선 안 되는 일이라면 그 일을 잘한다고 자부하지 마라. 중요하지 않은 일이면 그 일은 고존에 있지 않다.

타깃은 그 시간의 목표를 완수하는 것이지, 어떤 과제나 세일즈 목표를 완수하는 게 아니다. 일테면, 전화를 10통 걸거나 과제 10개를 완수하려 들지 말라는 것이다. 그냥 계속 정진하라. 시간이 다 될 때까지 한 번에 한 가지 일에만 초점을 맞추어라.

■ **고존의 주요 특성 2**

고존에 들어서기 전에 우선순위를 매겨 작성한 할 일 목록이다.

고존에 들어갈 때 당면 과제들이 무엇이며 어떤 순서로 그것들을 처리할지를 정확히 알고 있다.

과제 선택은 당신에게 달려 있지만 그것은 반드시 중요한 일이어야 한다. 그저 바쁘게만 만드는 게 아니라 정말로 차이를 만들어내는 일이어야 한다. 당장 하고 있는 과제를 제외한 모든 과제들을 종이로 가려라.

한 번에 오직 한 가지 과제만 처리해야 하는 것이 바람직하다.

목록은 고존에 들어가기 전에 작성해야 한다. 그 자체가 고존에 속하지는 않는다.

■ 고존의 주요 특성 3

미리 일정하게 정해진 시간. 마음이 동할 때까지 기다리지 않는다.

늦은 아침이 고존으로 들어가기에 아주 좋은 시간이다. 약간 배가 고픈 상태일 때 일이 가장 잘되며 점심시간이 보상으로 주어질 수 있다.

같은 날, 같은 시간에 고존으로 들어가게 되면 '만약'과 '어쩌면'이 개입될 여지가 없다. 고존 일정이 이미 짜여 있으니 결정을 내릴 일이 없다. 그냥 들어가면 된다.

일단 습관으로 굳어지면 가장 어려운 부분은 해결된 셈이다.

■ **고존의 주요 특성 4**

매주 4~5일에 걸쳐 반복되는 습관.

2시간짜리 고존을 일주일에 나흘 정도 배정하는 건 나름 대로 합리적이고 바람직한 스케줄이다. 월요일에서 목요일까지가 가장 효과적이다. 근무일마다 고존에 들어갈 생각이라면 금요일을 추가하라.

그렇게 한다 해도 매주 고존에 고작 8 또는 10시간을 쏟는 셈이니 그다지 과욕으로 보이지는 않을 것이다. 하지만 일단 고존 스케줄을 시작해보면 이 높아진 수행 수준이 얼마나 특별한지, 왜 항상 고존에 있을 수 없는지 그 이유를 이해하게 될 것이다.

앞으로 당신은 가장 중요한 일들을 더 많이 처리하게 될 것이다. 이렇게 함으로써 당신은 성공을 하지 않으려 해도 하지 않을 수가 없게 된다.

■ **고존의 주요 특성 5**

온전히 당신의 통제권 안에 있는 협상불가의 표적.

이 표적은 부저가 울릴 때까지 할 일 목록을 계속 처리하는 것이다. 시계나 휴대폰 알람을 맞춰놓거나, 오븐 타이머 또는 부저를 구입하라. 즉, 시간 제한을 설정할 구체적인 방법을 찾으라는 것이다.

표적은 과제를 5개, 6개, 20개 완수하는 것이 아니다. 얼마나 많이 전화를 걸었는지, 얼마나 많은 과제를 완수하고 목록에서 지웠는지 같은 것에 초점을 맞추지 마라. 매 과제에 온전히 집중하는 것에 초점을 맞추어라. 이 표적은 언제나 달성될 수 있다.

얼마나 많은 과제를 완수할 수 있을지는 장담하지 못해도 부저 소리를 들을 때까지 계속 정진하리란 건 확실히 말할 수 있다. 이 표적을 고수할 수 있도록 단련되면 어떤 고존이든 성공할 수 있다.

한 번에 한 과제에 집중하다 보면 얼마나 많은 일을 해야 하는지에 대한 생각에서 해방된다. 고존에 들어 있을 때마다 부저가 울릴 때까지 한 가지 (한 번에 한 가지) 일만 할 것이기 때문이다.

■ 고존의 주요 특성 6

주의를 산만하게 만드는 것들과는 타협의 여지가 없다.

과제 몇 개 해놓고 커피 한 잔 마시는 식으로 궤도에서 벗어나지 마라. 사무실 내 소음, 창문 밖 풍경, 이런저런 잡생각에 주의가 흐트러지지 않게 하라. 계속 정진하라.

첫 번째 과제가 생각했던 것보다 어렵거나 부담스럽더라도 변명하지 마라.

고존에서는 변명도 주의산만도 없다. 감정을 최소화하고 사실에 집착해야 하는 시간이다. 최선을 다한 뒤에 다음 과제로 넘어가라.

책상 위를 늘 정돈하고 이메일 알람을 꺼놓아라. 방문객 접대, 사적인 전화 통화, 음식물 섭취도 나중으로 미룬다. 단, 물은 수분 보충을 해주니 마셔도 좋다. 미리 준비를 했을 테니 고존 중에는 화장실조차 갈 필요가 없다. 과제에만 온전히 전념하는 습관을 들이고 있는 것이다. 그러나 '절대'라는 말은 하는 게 아니므로 불가피한 경우에는 금지 사항을 허용하되 가능한 한 빨리 고존으로 복귀할 것!

사적인 통화에만 휴대폰을 사용한다면 고존 중에는 전원을 꺼놓아라. 걸려오는 전화를 중간에서 누가 대신 받아 준다면 더욱 좋다. 고존에서 다루는 사안과 관련 있을 때에만 전화를 받아야 한다.

중간에 끼어들 가치가 있는 일인지 아닌지 확신이 안 서거든 아래 고존 규칙을 기억하라.

■ **고존의 주요 특성 7**

심호흡을 2분간 하면서 시작하고 마쳐라.

이는 고존을 들어가고 나오는 절차로, 고존을 생활의 다른 모든 관문과 구별해준다.

이 절차는 당신을 고존으로 들어가도록 준비시키고 나가도록 문을 열어준다.

어떤 스마트폰에서는 호흡법을 안내하는 앱^{app}을 다운받을 수 있다. 그게 여의치 않으면 에그 타이머^{egg timer}를 사용하거나 손목시계로 2분을 재며 심호흡을 해도 된다. 4초간 숨을 들이마셨다가 8초간 내뱉어라. 날숨에 시간을 2배로 들이면 느긋해질 것이다.

2분간의 퇴장 호흡을 천천히 마무리하면서 잘 처리한 일은 되짚어보고, 다음번 고존에서는 무엇을 개선할 수 있을지를 검토하라.

부저가 울릴 때까지 쭉 정진하는 목표를 이룬 것을 자축하고, 다음번에 생산성을 좀 더 획기적으로 끌어올릴 방안을 모색하라.

기뻐하라. 모든 고존은 꾸물거림과 평범함에 대한 승리다.

모든 고존은 당신을 더 강하게 만들어주며, 그 보상이 바로 코앞에 있다.

고존을 완수할 때 당신은 이미 성공한 것이다.

■ 고존의 주요 특성 8

고존에 들어가 있음을 본인 또는 타인에게 상기시킬 표식을 책상 위에 놓거나 옷에 부착하라.

이 시간이 특별하다는 걸 자신과 세상에 적극 알려라. 자신에게 중요한 의미를 띤 상징이 효과 면에서 최고다. 자기가 열망하는 것, 동기를 유발시키는 것, 강한 느낌을 주는 것 등을 택하라.

가족이나 연인의 사진, 휴가 또는 특별한 시간에 대한 추억, '방해하지 마세요…… 고존 안에 있습니다'라고 적힌 표지판 같은 것들이 되겠다. 고존 안에 있을 때에만 표식을 내걸어라. 고존에 입장할 때 표식을 내걸고 퇴장할 때 안 보이는 곳으로 치워라.

■ 고존의 주요 특성 9

부저나 알람으로 고존의 끝을 알려라.

고존은 정해진 수의 과제나 작성할 서류, 완수할 일이나 걸 전화보다는 시간을 기준으로 한다. 부저가 울릴 때까지 계속 진행하라. 부저는 미리 계획된 시간의 끝을 알리는 장치다. 이는 고존이 끝나고 다음 장에서 배울 슬로존에 곧 다시 들어가게 됨을 의미한다.

휴대폰 알람, 오븐 타이머, 스톱워치, 카운트다운 시계, 모두 효과만점이다. '나는 타이머 따위는 필요 없어', '두 시간이 언제 끝날지 알고……', '내 시계 보면 되지, 뭐'라고 생각하는 게 자연스러운 것 같아도, 이를 반드시 올바른 방식으로 행하는 것이 중요하다. 의도를 습관화하는 데 도움이 되는 상징이자 의례이므로, 고존의 이 핵심 요소를 무시하지 마라.

경계가 흐려지는 것은 고존의 천적이다. 각별히 노력하라. 타이머를 구하라. 그리고 시간을 맞추어라.

■ **고존의 주요 특성 10**

재미를 유지하라.

궁금하지 않았는가, 일요일 아침 현관문을 두드리는 복음 전도사들은 왜 두 사람씩 짝을 지어 다니는지?

그들은 교대로 '설득에 나선다.' 한 사람이 이야기를 하는 동안 다른 한 사람은 관찰하고, 다음 집에서는 역할을 바꾼다. 현관문에 다다를 즈음 관찰자는 파트너에게 자극이 될 만한 한마디를 던진다. '파인애플 피자'처럼 아주 엉뚱한 말을 건네는 것이다.

그럼 설득에 나선 이는 '파인애플 피자'란 단어를 이야기 속에 끼워 넣을 방법을 찾아야 한다. "매일 성경을 읽으시면, 파인애플 피자를 끝없이 드시는 것과 같습니다."

그들은 우리 대부분이 몹시 곤혹스러워할 상황을 잘 견뎌 내려 한다. 거절을 당하더라도 최소한 파인애플 피자를 인용한 점에 대해 함께 웃을 수 있고, 몇몇 영혼을 구원하려 들 때 그 유머를 이용해 신선함과 상상력을 유지할 수 있다.

이런 마음가짐을 적용한다면 고존은 금세 부담 요소가 아닌 즐거움으로 바뀔 것이다. 잘나간다고 해서 너무 들뜨지 말고, 못나간다고 해서 너무 기죽지 마라. 그저 다음 과제로 묵묵히 나아가라.

다음번 고존에서 전화를 걸려는 순간, 이 단어를 기억해내라. 하마 hippopotamus!

고존의 다른 특성들

영업사원의 경우, 고존에는 과거 고객과 예상 고객에게 전화를 거는 일, 거래를 요청하는 일, 새 고객과의 연결을 부탁하는 일이 포함될 것이다. 이는 모두 중요한 일들이다. 모든 관리자가 원하는 일이면서 영업사원들 대부분이 피하려 드는 일이기도 하다.

이것이 성공으로 가는 길임은 역사가 수없이 되풀이해 증명해왔으니 말로만 그치지 않고 정말로 성공하길 원한다면 고존으로 들어가 정기적으로 전화 거는 것을 고존 습관으로 만들기 시작하라.

전화 통화나 과제 수행 시 새로운 정보가 들어오거나 긴급하지 않은 후속 조치가 요구되거든 그 점을 메모하거나 신속히 녹음한 뒤 다음 전화나 과제로 넘어가야 한다. 중요하지 않게 할 일을 찾아내거나 꾸며내지 마라. 목록을 다시 참고해 다음 전화를 걸거나 다음 과제로 넘어가라.

실제 판매나 업무 진행은 오늘 당장 결과가 나올 수도 나오지 않을 수도 있으나, 우리는 시간을 두고서 각 전화 통화나 완수한 과제의 가치를 계산할 수 있다. 전화 걸기나 과제 수행은 전적으로 우리의 통제를 받는다. 이것이 우리가 열망하는 일이다. 과제 완수, 전화 걸기, 거래 요청, 소개 부탁……

리더들에게 고존은 미래 설계, 코칭과 멘토링, 중요한 결정 내리기, 팀을 위한 방향 설정 등과 밀접한 관련이 있다. 그 고존은 점점 더 정신적으로 강인해질 것과 헌신을 요구한다. 정신적 강인함의 정수는 바로 지금, 눈앞에 놓인 것에만 온전히 집중하는 능력이다. 현재의 과제 또는 의제에만 집중하는 이 기술을 연습하는 것이 매우 중요하다. 한 번에 한 대상에게만 집중하는 기술.

말끔한 책상과 우선순위가 매겨진 할 일 목록이 매우 중요하다. 당신의 목표는 1주일에 8시간을 고존에서 보내는 것이다. 만일 당신이 고도의 집중력을 가진 성취형 인간이라면 12시간으로 정해도 좋다. 1주일에 12시간 넘게 제대로 된 고존에 머무는 건 대다수 사람들에게는 무리한 일이다.

누가 당신한테 자기는 고존에 날마다 온종일 머문다고 말한다면 그 사람은 지나친 낙관주의의 함정에 빠진 것인지도 모른다. 그런 이들은 결코 고존에 있지 않다. 너무나 지루하고 생산성 낮은 슬로존에서 평범함에 통달하고 있을 뿐이다.

낙관주의는 성공적인 삶의 가장 큰 예측자라 불려왔고, 나는 종종 강연에서 심지어 내 혈액형은 B형이지만 초낙관주의에도 위험한 면은 있다고 농담을 던진다.

호주 풋볼계의 전설적 인물인 리 매튜스 Leigh Matthews는 자신은 긍정적인 사고를 믿지 않고 현실적인 사고를 믿는다고 입버릇처럼 말한다. 언젠가 자신의 팀이 중요한 경기에서 이

 • 고존으로 승부하라

길 것 같으냐는 질문을 받았을 때 이렇게 답했다.

"솔직히 말해서 잘 모르겠어요. 우리가 플레이를 잘하고 상황이 잘 풀리면 이길 수도 있고, 그렇지 못하면 질 수도 있지요."

초낙관주의자의 대답이라기보다는 현실주의자의 대답이었다.

비즈니스 철학자 밥 콜린스Bob Collins는 고난과 핍박의 세월을 끝내 견디지 못한 전쟁 포로들은 어떤 유형의 사람들이었느냐는 질문을 받은 한 생존자에 관한 이야기를 들려준다.

"그야 쉽죠."

살아남은 포로는 말했다.

"낙관주의자들이었어요."

그의 설명에 따르면, 낙관주의자들은 항상 다음과 같이 말하곤 했다.

"우린 크리스마스 때까지는 나가게 될 거야. 틀림없어."

그리고 크리스마스가 되어도 풀려나지 못하자 이렇게 말하기 시작했다.

"부활절까지는 풀려날 거야. 틀림없어."

크리스마스와 부활절이 지날수록 살아남은 낙관주의자들의 수는 자꾸 줄어들었다. 그의 생각에는 많은 이들이 엄청난

좌절감에 빠져 이미 목숨이 다 한 것 같았다.

밥 콜린스의 충고는 잔인한 사실에 직면하라는 것이다. 크리스마스에도 우린 여전히 이 안에 있을지 모른다. 그러니 마음을 비우자. 현재에 머물면서 바로 다음 일에 집중하는 것, 그 점이 고존의 중요한 부분이다. 그것은 낙관주의이나, 대안이 마련된 낙관주의다. 그리고 내 혈액형은 정말 B형이다.

마지막으로 고존에서 가장 중요한 부분들에 관해 기억할 것 한 가지. 강인함을 잃지 마라. 주의 산만도 안 되고 변명도 안 된다.

■ 팀탐Tim Tams

거대 맥주회사 라이언 나단Lion Nathan은 직원들의 복지 후생에 대한 매우 세심하고 관대한 태도로 언제나 최고의 고용주, 자애로운 기업으로 알려져왔다. 경제적 합리주의가 사회 전반을 지배하던 1990년대 말, 그 조직도 비용 절감이란 결정을 피하지 못했다. 여러 부서가 문을 닫거나 달리 처분되었고, 정리 해고의 칼바람이 몰아쳤으며, 효율성이 최상의 가치로 떠받들어졌다.

전설적인 복지 정책도 일부 영향을 받았다. 칼날의 매서움을 느끼게 한 것들 중 하나가 아침에 직원들이 차 한 잔과 함께 즐겨 먹던 팀탐이었다. 이 초콜릿 과자는 더 값싸고 평범한 단맛이 나는 비스킷으로 교체되었는데, 이는 직원들에게 끔찍한 일로 받아들여졌다.

시간은 흘러 수많은 인수합병과 기술적 진보, 비즈니스 구조와 방향 변경 속에서 사업 확장은 가속화되었다. 5년간 지속적인 변화를 겪은 후 회사는 직원들의 사기와 업무에 대한 열의를 파악하고 미래 지향적인 아이디어를 발굴하기 위해 설문 조사를 실시했다.

경영진은 개개인의 발전 계획, 연 2회 시행되는 인사 고과, 휴가 환원제, 일자리 나누기, 인체공학적 책상과 좌석 같은 새로운 조치들이 직원들에게 어떻게 받아들여지고 있는지를 알고 싶었다.

상당수 직원들에게서 나온 주요 대답들 중 하나는 "팀탐을 돌려달라"는 것이었다.

팀탐이 사라진 지 꼬박 5년만이었다.

각자 나름대로 결론을 내릴 수 있다. 내 관점에서는, 사람들이 초콜릿 비스킷을 몹시 좋아하는 점은 이해하지만 5년이 지나서까지도 팀탐을 그리워한다면 그건 그들이 슬로존에서 움직이고 있다는 뜻이다.

팀탐은 가장 중요한 것이 아니다. 팀탐은 슬로존에 속한다. 당신이 고존에 있을 때는 팀탐이나 동급의 무언가를 위한 자리는 없다.

제5장

슬로존

때로는 많은 일을 빨리 하는 것보다
몇 가지 일을 천천히 하는 게 낫다.

― 무명씨 ―

슬로존은 대다수의 사람들이 대부분의 시간 동안 들어가 있는 곳이다. 잠시 과제 하나를 붙들고 있다가 다른 데로 정신이 팔리는 시간이며, 일을 한두 가지 집중해서 마무리한 다음 여유를 갖고 커피를 마시거나 휴식을 취하기로 마음먹는 시간이다. 흔히 덜 중요한 일들과 불필요한 일들 사이에 몇몇 중요한 일들이 끼워지곤 하는 편안한 시간이다.

슬로존에서는 좀 더 느긋한 속도로 업무만을 볼 수도 있고, 업무와 사적인 일을 적절히 섞어서 할 수도 있다. 슬로존에서는 어떤 자극이 우리의 관심을 붙잡느냐에 따라 관심의 초점이 한 곳에서 다른 곳으로 자연스럽게 옮겨간다. 주의 지속 시간은 우리가 관심과 의식을 막 돌아다니게 두고 무슨 생각이 떠오르느냐에 따라 초점이 맞춰지도록 두기 때문에 상대적으로 짧은 편이다.

슬로존에서는 또다시 집중을 하려고 노력은 하지만 몹시 피곤하거나 일이 너무 많아 제대로 집중할 수가 없다. 그 존에 있어본 적이 있는가? 거기서는 똑같은 문단을 여러 번 읽어야 하고, 한 번 끝낸 계산을 다시 해야 하고, 일에 집중하거나 궤도에서 벗어나지 않기 위해 끊임없이 자신과 싸우고 자신을 설득해야 한다.

잠자는 시간은 별개의 문제로 하고, 우리는 고존이나 슬로존이나 노존 중 한 곳에는 반드시 들어 있다. 고존이나 노존에 한 번도 도달하지 못하는 사람들이 많은데, 그건 깨어 있는 시간 내내 슬로존에 있기 때문이다. 계속되는 슬로존은 진창길을 걸어서 지나는 것과 같다. 지나갈 수는 있지만 속도는 굉장히 느리다!

슬로존은 그 나름의 위치와 목적이 있다. 하지만 우리는 거기서 최상의 상태에 있지는 않으며, 가장 중요한 일들을 시도하고 있어야 할 곳도 아니다. 슬로존의 마음 상태로 취직 면접을 보러 가지는 않을 테지만 온라인 상에서 소액의 돈을 지불할 수는 있을 것이다. 슬로존에서 우리는 생산적이기는 하지만 최대한으로 효율적이지는 않다. 그러나 슬로존의 큰 자산은 스트레스가 한결 적다는 점이다. 슬로존은 우리의 휴식처다.

슬로존의 주요 특성 10가지

■ 슬로존의 주요 특성 1

슬로존은 대다수 사람들이 자신의 삶에 적용하고 있는 가장 일반적인 작업 방식이다.

주당 40시간 동안 일하는 많은 사람들이 슬로존에서 40시간을 일한다. 주당 60시간 일하는 많은 주부들 또한 슬로존에서 60시간을 일한다.

생산성이 제한된 상태라는 점을 제외하면 슬로존에 본질적으로 잘못된 점은 없다. 우리는 슬로존을 있는 그대로 받아들일 필요가 있으며, 더 대단한 무엇이라고 주장하지 않아도 된다.

집중도와 긴급성 면에서 비교적 덜하고, 모든 능력을 사용하는 경우도 매우 드물다. 슬로존은 3단 기어와 유사하다.

슬로존에서 지속적으로 작업하는 사람들은 '최고속 기어', 즉 한 주 동안 정해진 시간에 고존의 마음 상태를 발전시키는 것에서 이득을 얻을 수 있다.

■ 슬로존의 주요 특성 2

중간 수준의 동기 부여와 생산량.

슬로존의 장점 하나는 우리에게 온전한 관심과 집중을 요구하지 않는다는 것이다.

여전히 일을 하기는 하나, 그리 많지도 않고 효율적이지도 않다. 작은 일을 처리하고 큰 일에 땀 빼지 마라. 그건 고존의 몫이다.

■ 슬로존의 주요 특성 3

일상적 과제의 완수.

중대한 과제가 무엇이고 당신의 주요 책임이 무엇인지를 미리 정해두어야 한다. 그런 다음 그런 것들을 모두 고존으로 넘겨버려라. 슬로존에서 당신이 처리해야 할 일은 지극히 일상적인 일이다.

데이터베이스를 업데이트하고, 할 일 목록에 중요한 일들을 추가하고, 통상적인 부재 중 전화에 답하고, 일반 행정 업무를 처리하고, 돈을 지불한다. 슬로존에 머무르는 동안 당신이 해야 할 일을 하되, 부득이한 경우에 미뤄질 수 있는 있는 일들 위주로 처리해야 한다.

수많은 회의와 브리핑이 슬로존 공간에 매우 잘 들어맞는다. 마치 우리가 일상적으로 주고 받는 모든 이메일들의 80퍼센트가 그런 것처럼 말이다.

■ 슬로존의 주요 특성 4

슬로존의 제한된 생산성에 대한 자각.

일의 경계선이 불분명하면 각 '존'들이 발휘해야 할 효율성이 침식된다. 슬로존에 있을 때는 그 점을 여유롭게 받아들이고 충분히 즐겨라. 그다지 대단치 않은 것을 마치 대단한 것인 양 굴지 마라. 있는 그대로를 넉넉히 즐기되 자신에게 최대한 솔직하라.

어떤 사람들은 너무 바빠서 자신은 늘 고존에 있을 수밖에 없다고 말한다. 이는 명백히 틀린 말이다. 그들은 사실상의 '슬로존'을 만들어낸 것일 뿐이다.

물론 바쁠 수는 있다. 그것도 그냥 조금 바쁜 정도가 아니라 그야말로 눈 코 뜰 새 없을 정도로 말이다. 하지만 처음에 똑바로 못해서 같은 일을 다시 해야 할 경우가 많고, 동시에 너무 많은 일을 하려 들다 보니 집중력이 떨어져 시간을 낭비하곤 한다. 또한 일을 더 서둘게 만들고 효율성이 훨씬 떨어지게끔 화를 내고 짜증을 부리기도 한다. 그러다 보면 결국에는 시작했던 곳으로 돌아오게 되고 만다. 슬로존에서 줄곧 시간을 보내는 것이다.

바쁜 생활을 마치 무슨 대단한 훈장이라도 탄 것처럼 내세우지 마라. 노상 우는 소리만 하지 마라. 대신, 좀 더 효율적인 사람이 되라.

■ 슬로존의 주요 특성 5

생산적이지만, 스트레스는 제로.

슬로존에 있는 동안에는 걱정을 내려놓아라. 일은 계속 하되, 좀 더 느슨한 방식으로 하라. 걱정은 미뤄두어라.

고존에서 슬로존으로 이동할 때 힘든 일을 해냈다는 성취감과 개운함을 최대한 즐겨라. 아침에 고존에 전념하게 되면 중요한 일들을 이미 끝내 놓은 상태가 되기 때문에 마치 나머지 시간을 느긋하게 보낼 수 있을 것처럼 커다란 해방감과 성취감이 생긴다.

■ 슬로존의 주요 특성 6

여기서는 크고 중요한 결정은 가급적 내리지 마라.

중요한 사안들은 고존에서 좀 더 신속하고 효과적으로 처리될 수 있도록 넘겨야 한다. 방해 요소나 핑곗거리 없이 주의가 분산되지 않는 가운데 중요한 결정에 대해 심사숙고할 때 능률이 가장 높을 것이다.

합병을 할지 말지, 지원자를 채용할지 말지, 새로운 일을 맡을지 말지, 학교에 등록을 할지 말지, 이사를 할지 말지, 새 사업 방향을 설정할지 말지와 같은 중요한 일들은 절대로 슬로존에서 결정되어서는 안 된다.

■ 슬로존의 주요 특성 7

다음번 고존을 준비하고 할 일 목록을 우선순위대로 작성하는 단계.

고존 준비는 슬로존이 갖는 특징이자 핵심 요소다. 할 일 목록을 우선순위대로 작성하다 보면 어느 시점에 이르러서는 고존에 들어가기 전에 고존 과제들의 일부를 무의식적으로 다룰 수 있게 된다.

할 일 목록을 여유있게 준비해둠으로써 다음번 고존에 들어설 때 곧바로 일의 진행에 탄력이 붙으면서 성공적인 출발을 할 수 있다.

■ 슬로존의 주요 특성 8

고존과 노존 사이의 과도기적 상태이거나 완충 장치의 역할을 하는 단계다.

다음 장에서 좀 더 자세히 배우게 되겠지만, 노존은 우리가 일도 하지 않고 일에 대한 생각도 하지 않는 온전한 회복 기간을 말한다.

그러므로 고존과 노존은 양 극단에 위치하며, 슬로존이 그 중간 영역을 차지한다.

원활한 작업진행의 중요성을 이해하는 것이 꼭 필요하다. 슬로존은 고존과 노존 사이에서 필수적인 완충 장치나 충격 흡수 장치가 되어준다.

고존과 노존을 직접적으로 넘나들려고 하는 것은 바람직하지 않다. 오히려 슬로존이 많은 도움이 된다. 우리는 확실히 과제를 완수하는 한편으로 슬로존이 양 극단의 존들을 분리하는 덕분에 과도기적 시간도 누릴 수 있다.

■ 슬로존의 주요 특성 9

당신의 심리가 중립 또는 기초선 수준으로 돌아가는 상태.

고존에서는 본질적으로 스트레스가 상당히 많고, 또 일부러 그렇게 만들기도 한다. 종료 시점이 확실한 제한된 시간에 대한 스트레스는 매우 긍정적인 것이 될 수 있다. 슬로존 또는 중간 영역으로의 복귀는 당신이 혈액 순환 체계에 긍정적인 변화를 유도함으로써 혈압이 낮아지며 호흡이 느리고 깊어질 것이다.

우리가 휴식처comfort zone로 돌아갈 때는 아드레날린이 분비된다. 그러면 진정한 고존이 필요할 때 그것을 불러내는 것이 가능해진다. 만약에 고존을 남용하면 우리는 고존에 아예 있지 못하고, 부풀려진 슬로존에 반영구적으로 있게 된다. 이는 반드시 피하고 싶은 상황이다.

■ 슬로존의 주요 특성 10

고존과 노존 및 수면 시간 외의 모든 것은 슬로존으로 분류되므로 슬로존은 여러 시간으로 확장이 가능하다.

1주일, 즉 168시간 중에서 약 40시간은 수면, 8~12시간은 고존, 8~12시간은 노존이라고 가정할 때, 슬로존은 100시간이 훌쩍 넘어갈 것이다.

슬로존을 최대한 지혜롭게 잘 활용하고, 스트레스 받을 필요가 없을 때 절대로 불필요한 스트레스를 받지 않도록 하고,

중간 영역에 들어 있는 걸 충분히 즐기면서 고존과 노존 간의 필수적 이동을 가능케 하기 위해 우리는 슬로존을 제대로 이해할 필요가 있다.

슬로존의 다른 특성들

판매원들의 경우, 할 일의 목록을 준비한다는 것은 누구에게 어떤 순서와 번호로 전화를 걸지를 정하는 것을 의미한다. 최대 절반 정도는 통화가 안 이루어질 수도 있으니까, 통화 상대자의 이름이 적어도 32개는 되게 하라.

우리는 이 전화 통화를 슬로존에서 다 끝내려는 게 아니라 그 목록을 만드는 것뿐이다!

■ 경영 컨설턴트

어떤 젊은 경영 컨설턴트가 파트너로 막 승진되었다. 그의 회사는 열심히 일하고 열심히 노는 직장 문화에 대해 자부심이 컸다. 그는 두 영역의 최전선에 있었다. 매년 하위 15

퍼센트에 해당하는 매출 기여자들을 잘라내는, '서로 먹고 먹히는' 식의 무자비한 회사 정책이 있었지만, 지난 3년간 청구 대상 상담 시간에서 상위 10퍼센트에 든 그는 파트너로 승진할 만한 충분한 자격을 갖추고 있었다.

그의 연 수입은 30만 달러에 가까웠으며, 이제 파트너가 됐으니 2년도 채 안 남은 서른다섯 살 생일에는 연봉이 무려 거의 두 배에 달할 것으로 예상되었다. 열심히 일한다는 데에는 의심의 여지가 없었으나, 그는 '큰 보상에는 강한 요구가 따른다'는 걸 뼈저리게 느끼고 있었다. 아직 어린 두 자녀와 충분한 시간을 보내지 못하는 것에 대해 적지 않은 죄책감이 들었고, 휴가도 가지 않은 채 남들이 자는 동안에도 몰두해가며 일을 하기 일쑤였다.

그는 늘 정신없이 바쁘고, 매순간 신경이 곤두서 있는 느낌이었다. 그러다 보니 일처리에 차츰 몇 가지 실수가 끼어들고 트레이드마크 같은 예리함과 명석함이 빛을 잃어갔다. 그리고 다른 사람들이 서서히 그것을 간파하기 시작했다. 하지만 그는 낭떠러지가 코앞으로 다가오는 것도 모르고 죽어라 일만 했다.

여느 때와 마찬가지로 아침 7시에 출근해 팀원들에게 할당

할 업무를 준비하던 어느 날 아침이었다. 정해진 출근 시간이 한 시간 뒤인 팀원들이 사무실에 도착했을 때였다. 그는 노트북의 전원을 켜지도 못한 채 깜깜한 모니터 화면을 응시하면서 책상 앞에 앉아 있었다.

너무 오랫동안 고존에 머물려고 한 탓에 아드레날린이 과도하게 분비되어 몸이 제 기능을 발휘하지 못하고 마치 마비된 것처럼 보였다. 일시적으로 말을 하거나 움직일 수 없게 말이다. 일각에선 아직도 그런 현상을 '신경 쇠약'이라고 부른다.

회사 측은 내게 그 젊은 파트너를 만나봐달라고 부탁했다. 악수를 할 때 시선을 피하던 그는 자신이 처했다고 생각하는 곤경과 일을 대하는 방식에 관한 대화가 시작되자 마침내 통제력을 잃고 울음을 터뜨렸다. 이것이 뛰어난 지적 능력과 탄탄한 전문 기술, 폭넓은 업무 지식을 갖춘 허우대 멀쩡한 한 남자의 모습이었다.

안타깝게도 그는 이제 어떤 스트레스도 견뎌내질 못하며 예전 역할을 수행할 수도 없게 되고 말았다. 파트너십을 해지한 후, 심지어 전기료 청구서를 처리하는 일 따위의 사소한 잡무에까지 극심한 스트레스를 받고 있다. 한시라도 빨리 전기료를 지불하지 않으면 걱정이 뇌리에 달라붙어 떨어지지 않을 것만 같은 것이다.

그는 어쩌면 패기만만하고 자신감 넘쳤던 예전의 그로 영원히 돌아갈 수 없을지 모른다. 한때 보여줬던 탁월한 업무 능력을 몽땅 상실해버린 것이 분명하다. 현재 그는 자라나는 아이들에게 더 중요한 역할인 훌륭한 아빠로 살아갈 수 있기를 바랄 뿐이다.

당신이 얼마나 강하고 유능하든, 언제나 고존에 머물 수는 없는 노릇이다. 마치 도서관에 반드시 휴게실이 있듯 슬로존이 괜히 있는 게 아니다. 그 시간은 여전히 일을 하긴 하되 압박감 없이 하는 시간이다.

제6장

노존

"

나는 자유롭고 싶었다. 그래서 내려놓았다.

— 넬슨 만델라Nelson Mandela —

"

노존은 내가 개인적으로 무척 좋아하는 시간이며, 당신에게도 곧 그런 시간이 되기를 바란다.

여기서 우리는 기분을 전환하고 원기를 회복하며 다음번 고존을 준비한다. 또한 노존은 가장 중요한 일을 하고 효율적으로 시간을 보낸 데 대한 보상이기도 하다. 그것은 자기 자신을 위해 창출하는 시간이다.

이제까지 당신은 노존의 시간을 누릴 형편이 못 되었을 수도 있다. 하지만 이 책을 읽고 난 뒤 당신은 그것을 누리게 될 것이다.

고존은 고양된 의식 상태와 높은 수준의 수행을 이끌어 낸다. 이처럼 최상의 조건에서 일을 할 때면 우리는 최고의 성과를 창출하기 위해 필연적으로 다량의 아드레날린을 사용한다. 이는 적지 않은 스트레스를 발생시키지만 그 환경은 대체로 양호하고 엄격히 통제된다. 왜냐하면 부저 소리와 함께 그 스트레스가 사라지고 우리가 고존을 떠나게 될 것임을 알기 때문이다.

스트레스가 문제가 아니다. 문제는 원기 회복이 안 되는 것이다.

노존은 컴퓨터 자판에서 'ctrl/alt/delete' 키를 누르는 것과 같다. 즉, 초기 설정 값을 복구하기 위한 개인적인 리셋reset 과정이다.

노존의 주요 특성 10가지

■ 노존의 주요 특성 1

일도 하지 않고 일에 대한 생각도 하지 않는다.

일터에 있지 않는 것만으로는 노존이 되기에 부족하다. 일터를 떠나 있어도 일에 대한 생각을 지속적으로 한다면 슬로존으로 다시 들어간 것이다.

무딘 도끼로 나무를 베려고 시도해본 적이 있다면 자신을 좀 더 다듬기 위해 필요한 휴식기 없이 고존으로 다시 들어가려는 게 어떤 것인지 잘 알 것이다. 노존의 목적은 에너지를 보충하고 다음에 다시금 집중해서 일할 경우를 대비하는 것이다.

■ 노존의 주요 특성 2

여기서 무엇을 하든, 노존은 당신이 일에 대한 생각을 더는 하지 않도록 당신의 주의를 확실하게 돌리거나 몰입시켜야 한다.

소파에 앉아서 DVD를 본다면 당신의 노존은 수동적일 수 있고 수영, 사이클링, 암벽 등반 등을 한다면 활동적일 수도 있다. 일에 대한 생각을 멈출 정도로 몰두하거나 주의가 분산되기만 한다면 어떤 선택이든 효과가 있다. 불법만 아니면 어떤 활동이든 상관없다.

일 생각을 그만하려고 30분 이상 애를 쓰고 있다면 당신은 이미 노존에 있는 게 아니다. 이 점을 정확히 이해하는 것이 중요하다. 일에 대한 생각을 하고 있느냐 아니냐에 따라 슬로존에서 개를 산책시키는 것일 수도 있고 노존에서 개를 산책시키는 것일 수도 있다.

일 생각을 그만두지 못할 거라는 느낌이 든다면 당신이 아직 올바른 방법을 찾지 못했다는 것을 의미한다.

■ 노존의 주요 특성 3

완전한 원기 회복을 위한 정규 기간.

적어도 한 주에 한 번은 노존이 휴식에 바쳐져야 한다. 가끔은 적당히 이기적으로 굴면서 죄책감 없이 휴식이란 사치를 즐기는 것이 좋다.

매주 8시간의 노존을 계획하고 있다면 2시간은 자신을 소중히 보살피거나 사치 또는 휴식을 즐기는 데 할애하도록 노력하라. 이런 습관이 몸에 밴다면 매우 바람직하다. 여기에는 전신 또는 얼굴 마사지, 영화 감상, 스파, 요가, 필라테스, 명상, 소파에 앉아 꾸벅꾸벅 졸기 등이 포함될 수 있다.

명심할 점 : 노존에 있는 동안 절대로 죄책감을 갖지 마라.

■ 노존의 주요 특성 4

업무나 일과로부터 정신적, 육체적으로 완전히 휴식을 취한다.

때때로 정신적으로 고된 직무역할은 육체적으로 고된 노존을 통해 정상 상태로 가장 잘 회복되고, 육체적으로 고된 직무역할은 정신적으로 고된 노존을 통해 정상 상태로 가장 잘 회복된다.

효과적인 노존의 열쇠는 당신의 사고방식을 바꾸고 그에 따라 명백하게 달라진 기분을 느끼는 것이다. 마치 짧은 휴가를 다녀온 것처럼 말이다.

■ 노존의 주요 특성 5

이 존에서는 색다른 무언가를 한다. 존중하고 실행할 경계선을 긋는다.

노존에 투자할 필요성이나 충동이 느껴질 때까지 기다리지 마라. 알지 않는가. 갈증을 느낄 때에는 이미 탈수가 진행 중이란 걸. '내 시간'을 좀 가져야겠다는 느낌이 강하게 들 땐 이미 '손상'이 발생한 것이다. 언제 무엇을 하게 될지 정확히 파악할 수 있도록 노존을 계획하고 일정을 잡아놓아라. 규칙화하고 습관화해야 한다.

노존을 존중하여 바쁘다는 핑계로 미루거나 건너뛰는 일

이 없도록 유의하라. 바쁠 때일수록 노존은 더욱 더 필수적인 것이 된다.

■ 노존의 주요 특성 6

각각의 고존 시간은 각각의 노존 시간과 짝을 이룬다.

권장되는 '존' 체계는 매주 8시간의 고존과 그에 상응하는 8시간의 노존이다. 1시간 동안 최고의 성과를 올렸다면 심신의 회복과 개선에도 1시간을 배정하라는 의미다.

이러한 대칭 구조는 높거나 낮은 각성 상태를 오르내리는 습관을 기르는 데에 적지 않게 도움이 된다. 들쑥날쑥한 삼각 형태의 산처럼 각 고존은 산봉우리를, 각 노존은 골짜기를 형성한다.

■ 노존의 주요 특성 7

목표는 주당 8시간을 노존에서 보내는 것이다. 이를 달성할 많은 방법이 있다. 일례로, 주당 평일 동안 2시간씩 2회나 월요일부터 금요일까지 1시간짜리 4회에, 주말마다 4시간짜리 1회를 실시하는 방법. 아니면 화요일 아침과 목요일 오후에 2시간씩 2회를 보낸 다음, 토요일 아침이나 일요일 오후에 자신만을 위한 무언가를 하면서 4시간을 몰아서 보내는 것도 좋다. 혼자여도 되고 가족이나 친구가 함께해도 되지만 어떤 식으로든 일과 관련은 없을 것! 이러면 주중에 노존 4시간, 주말에 노존 4시간인 셈이라 균형이 아주 잘 맞는다.

고존을 대할 때와 똑같은 존중심으로 노존을 대하라. 둘 중 하나라도 없으면 시스템이 위태로워진다. 각 노존은 다음 번 고존에서 회수되는 투자금이다.

■ **노존의 주요 특성 8**

노존에 있는 것에 대해 죄책감을 느끼지 않도록 최선을 다하라. 노존은 다음번 고존을 위한 준비의 핵심이다.

최대 난관들 중 하나는, 일하고 있지 않을 때 일부 사람들이 느끼는 죄책감을 극복하는 것이다. 해결책은 죄책감을 누를 만한 재미와 기분전환과 만족감을 안겨줄 무언가를 노존에서 아주 많이 즐기는 것이다.

노존에서 '여기에 있으면 안 돼, 일을 해야 되는데……' 같은 생각으로 불안해하는 자신을 발견한다면 '아니야, 난 이럴 자격이 있어'라는 마음으로 맞서라.

무엇을 하고 있든, 그것에 열중하고 최선을 다해 즐기기 위해 노력하라. 그 시간은 결코 잃어버릴 수도 빼앗길 수도 없는 당신만을 위한 시간이다. 자신에게 이렇게 말하라. '이 시간을 누릴 충분한 자격이 내게 있다.'라고.

■ 노존의 주요 특성 9

노존이 위태로워져서는 안 된다. (고객의 전화가 올 경우를 대비해) 휴대폰을 들고 해변을 산책하는 건 노존이 아니다. 사실상의 슬로존이다.

살다 보면 때때로 내려놓기도 해야 한다. 휴대폰은 차에 두고 내려라. 일에 대한 생각은 사무실이나 서재에 두고 나와라. 둘 다 나중에 확인해도 된다. 도움이 된다면, 떠나기 전에 '고민 꽂이판'을 나무나 의자 커버에 부착해두어도 좋다. 노존에서 완전히 몰입 모드로 전환하는 데에 이 같은 상징물이 도움이 될 수도 있다. 노존에 들어가기로 마음먹을 때에는 그 모든 걸 뒤로 하라.

■ 노존의 주요 특성 10

이따금 우리는 생각하고 있지 않을 때 가장 좋은 생각을 한다.

어쩌면 당신은 테니스 게임이나 스도쿠 퍼즐에 푹 빠져

있을 수도 있고 일은 안중에조차 없을 수도 있다. 갑자기 그 동안 고민하던 일처리에 대한 해결책이나 명확한 결정이 전혀 예상치 못했음에도 아주 선명하게 뇌리에 떠오른다.

노존에 있는 동안 계시 같은 건 받지 못하더라도 최소한 테니스 게임이나 숫자 놀이를 죄책감 없이 즐길 수는 있을 것이다. 그것은 종종 그 자체로 충분한 보상이 된다. 아무리 못해도, 심박동수나 혈압 또는 호흡과 관련된 '초기 설정값'은 복구하게 될 것이다.

'존'들은 함께 작용하여 당신이 최고 수준으로 실력을 발휘하도록 돕는다.

■ 일등 항법사

데렉Derek이란 이름의 비즈니스 여행객이 회의와 발표 및 끊임없는 전화 통화로 빡빡한 1주일을 보낸 뒤 마침내 집으로 향하는 비행기에 올랐다. '이제야 모든 것을 다 접고 편히 앉아 쉴 수 있겠구나.' 그가 이렇게 중얼거렸다.

안전 수칙 안내와 이륙 준비가 예정대로 끝났지만 비행기는 활주로에서 속도를 올린 뒤 몇 초 지나지 않아 갑자기

급제동을 걸더니 이륙을 중단했다.

곧 조종사의 불안한 목소리가 기내 스피커에서 흘러 나왔다.

"신사 숙녀 여러분, 갑자기 멈추게 돼 죄송합니다. 일등 항법사가 우현 엔진 소리에서 이상을 발견했습니다. 모두의 안전을 위해 지금부터 점검을 하도록 하겠습니다."

기체가 터미널로 천천히 이동한 후 240명의 탑승객 전원이 초조하게 기다리고 있었다. 그동안 승객들은 비행기 밖이나 아래에서 어떤 일이 벌어지고 있는지 거의 아무 정보도 받지 못했다. 승객들 중 다수가 안절부절 못하게 되었지만 데렉은 느긋했다. 바쁜 한 주일을 보낸 뒤에 심신이 피곤한데도 그는 이렇게 생각했다. '내가 할 수 있는 일은 아무것도 없어. 그러니 쓸데없이 열 받지 않을 거야. 음악이나 듣고 있지, 뭐.'

20분 뒤 엔진이 다시 작동하기 시작했고, 비행기는 활주로로 다시 이동해 마치 아무 일도 없었던 것처럼 하늘로 날아올랐다. 대부분의 탑승객들은 정보 부족에 화가 나 있었으나 데렉은 이제 비행 모드로 전환해 더 이상 신경도 쓰지 않고 짜증도 내지 않았다.

기체가 순항 고도에 진입했을 때에야 조종사가 다시 마이크를 잡았다.

"신사 숙녀 여러분, 출발이 지연되어 죄송합니다. 하지만 이제 일등 항법사를 교체하였으니 목적지에 닿을 때까지 더는 문제가 없으리라 기대합니다!"

당장 노존을 실행할 수 없는 이유는 늘 있을 것이고, 짜증이나 주의를 흩뜨려 노존을 벗어나도록 유혹하는 요소도 숱하게 있을 것이다. 상황은 언제나 당신이 계획한 대로만 흘러가지는 않는다. 언제나 우리가 예상하고 원하는 방식으로 흘러가지도 않는다. 그것이 바로 노존에 시간과 노력을 투자해야 하는 이유다.

제7장

고존
실행하기

> “
지금이 기회다. 다음 기회를 기다리지 마라.

— 마크 트웨인Mark Twain —
> ”

어떤 사람들은 일을 하는 도중 끊임없이 다른 일이 끼어드는 것을 아무런 경계심 없이 허용한다. 또 어떤 사람들은 체계적으로 일하는 것을 무척이나 힘들어하고, 상사의 지시나 고객의 전화에 즉각적으로 반응하지 못해 매번 잔소리를 듣곤 한다.

그런 사람들은 '고존 시스템'을 어떻게 사용할 수 있을까? 실제로 생활하다 보면 여간해서는 고존이나 노존에서 아무런 방해 없이 두 시간 동안 깔끔하게 머물게 되지 않는다. 그리되도록 주변 사람들이 가만히 놔두질 않기 때문이다.

첫 걸음은 거의 날마다 최대 2시간까지 최대한 몰입하여 고존을 실행하는 것이다. 당신에게 주어지는 하루 24시간 중 가장 적게 방해받는 시간 동안 어떻게든 고존에 머물도록 노력해야 한다. 여전히 우선순위에 입각한 일의 목록을 만들어서 한 번에 한 가지 일에 초점을 맞추되, 불가피하게 다른 일이 끼어들게 되면 먼저 그 일이 당장 처리돼야 하는지 아닌지를 검토해본다. 미뤄도 되는 일이면 고존이 끝날 때까지 미룬다. 미룰 수 없는 일이라면 그 자리에서 최대한 신속하게 처리한다. 할 일은 해야 하니까.

상사의 지시나 명령도 따라야 할 것이고, 툭하면 하던 일을 중단한 채 수많은 사람들의 요구를 받아 처리해야 하는 자리에 있을 수도 있다. 그렇다면 현실적인 방법은 그 지시나 과제를 처리하는 즉시 고존으로 되돌아가는 것이다. 방해가 계속된다면, 이 과정을 여러 번 되풀이하며 시원시원하게 넘겨라.

다른 사람들, 특히 리더leader들은 종종 대비할 틈도 없이 중요한 과제, 또는 다루기 어려운 사람이나 결정에 직면하게 되는 경우가 상당히 많다. 방금 전까지 모든 게 좋다가도 별안간 급한 불을 꺼야 하거나 위기를 돌파해야 할 긴급한 상황이 벌어지고, 즉시 팀원의 동기를 유발하고 의욕을 불러일으

 ・ 고존으로 승부하라

키거나 심지어 팀원을 훈련시켜야 하는 상황에 처하게 되는 것이다.

이런 난관에 부딪치게 되는 경우, 고존에 접속하는 효과적인 기술을 연마해놓으면 큰 이득을 볼 수 있다. 다음 장에서 존과 존을 너무 급히 들락날락할 때의 어려움에 대해 좀 더 상세히 설명하겠지만 스스로 고존에 초점을 맞추는 동시에 최상의 상태를 가능한 한 유지하면서 긴급한 상황에 대처하는 것이 가능하다.

첫 단계는 정말로 고존이 개입될 사안인지 아닌지를 판단하고 자문하는 것이다. '지금 조치를 취해야 할까?' 지체해선 안 될 상황이라고 판단될 경우 과감히 행동에 나서야 한다. 두 번째 단계는 심호흡을 한 번 크게 하는 것이고, 세 번째 단계는 자신에게 이렇게 말하는 것이다. '자, 이제 (고존으로) 들어간다.'

나머지는 몸이 담당하게 된다. 수행 수준을 높이고, 추가 가능한 에너지를 찾고, 지적 능력을 온전히 펼칠 수 있게 될 것이다. 고존을 실행하면 할수록 영향력과 결정 능력과 인내심을 필요로 할 때 온전하게 자기 의지대로 발휘하는 역량이 커진다. 중요한 점은, 당신에게 여전히 통제권이 있다는 사실이다.

어느 존 안에 머무르며 활동할 것인가는 여전히 당신이 선택할 수 있다. 사건들이 당신을 뒤흔들고 있는 상황을 좌지우지하도록 방치해두지 않고 당신이 적극적으로 상황을 통제하는 것이다. 빠져나올 수 있게 되면 즉시 빠져나오고, 어떤 날이든 고존의 상한선을 3시간으로 정하는 것을 잊지 마라. 날마다 온종일 고존에 머무를 수 있는 사람은 아무도 없다. 그러니 오늘 오후에 예기치 않게 고존에 매여 있고, 아침에 이미 2시간 동안 고존에 있었다면 내일은 고존이 없는 날이 될 수도 있다.

고존을 일주일의 수요에 맞춰 적절히 분산 사용될 8~12시간짜리 '저장탱크'라고 생각하라. 자꾸 거기에 들락날락하게 되면 저장분은 일찍 고갈되고 말 것이다. 빨리 고갈되는 건 누구도 원치 않는 일이다.

할 일이 너무 많다고? 내일 또 고존이 필요하다고? 우리의 목표는 주당 8시간이다. 이 세상의 의욕 과잉자들을 위해 조언하자면, 매주 최대 12시간의 고존도 가능하지만 그 결과를 조심하라. 당신은 천하무적이 아니다. 뿐만 아니라 그런 경우에는 사실상 고존에 머물고 있는 것도 아니다. 그냥 슬로존에 머무는 셈이다. 그것도 스트레스 정도가 더 심해진 상태로 말이다.

다음에 발전시킬 기술은 존과 존 사이를 효과적으로 이동하는 기술이다. 2시간짜리 고존에 전념하고 있다가 다른 극단으로 옮겨가기란 매우 어렵다. 정말로 선택의 여지가 없고 외부 요인에 의해 고존이 강요되지 않는 한 고존에서 노존으로, 또는 그 역으로 직행하는 것은 가급적 시도하지 말 것을 권하고 싶다.

완전히 켜진 상태에서 완전히 꺼진 상태로 옮겨가는 것은 의외로 그리 녹록한 일이 아니다. 그럼 어떻게 하면 좀 더 신속하고 효율적으로 존을 옮겨갈 수 있을까. 슬로존을 양 극단 사이의 징검다리로 삼으면 잘 준비된 상태로 다음번 고존에 들어가기가, 또 맑은 정신과 정상적인 혈압을 가진 채로 다음번 노존에 들어가기가 수월해질 것이다.

큰 난관들 중 하나는 존들 간 경계가 흐려지지 않게 하는 것이다. 60분 동안 산책하는 걸 노존으로 삼고, 그 시간을 온통 비즈니스 전략을 세우는 데 보낸다면 그것은 결코 노존이라고 말할 수 없다. 사실상 슬로존인 셈이다. 노존에서 머무르는 시간은 전혀 필요하지 않다고 생각하고 고존에서 하루 종일 얼마든지 작업할 수 있다고 믿는다면 당신은 이미 고존 안에 있는 것이 아니다. 이 경우에도 사실상 슬로존에 들어 있는 셈이다.

나는 호주의 한 풋볼팀에서 트레이너로 15년간 일하면서 이따금 손님들을 초대해 훈련 과정을 지켜보게 했다. 그들은 일부 훈련이 단시간에 저강도로 진행되는 것에 대체로 의외라는 반응을 보였다.

"저게 답니까? 저렇게만 시키시고 말아요?"

그들은 내심 놀라워하며 내게 이렇게 묻곤 했다. 훈련이 그처럼 느슨할 뿐만 아니라 회복에 초점이 맞춰져 있을 줄은 미처 예상하지 못한 모양이었다. 이유는 의외로 단순했다. 시합들이 너무 치열했기 때문에 훈련 강도까지 지나치게 높아저버리면 미세한 근육 손상을 통해 피로가 서서히 퍼져 나가고, 수행능력이 떨어지며, 부상이 발생하는 결과가 초래되기 때문이다. 저강도 훈련기(슬로존)과 완전한 회복기(노존) 간에 적절히 균형이 잡히지 않고서는 선수들이 최고 수준의 수행력을 유지하기 어렵다.

고존은 가장 강도가 높은 시간대이고, 노존 회복기와 잘 어울린다. 매주 2시간짜리 고존을 4회 실행하기로 한다면 노존을 8시간 동안 실행함으로써 최대한 균형을 맞춰야 한다. 그래야 늘 신선한 기분이 유지되고 매번 적절하고 효과적인 고존이 보장될 것이다.

■ 장의사

기조 연설자가 여러 장의사들을 상대로 웰빙wellbeing에 관한 이야기를 하고 있었다. 규칙적인 체력 훈련의 중요성에 대해 열변을 토하고 있을 때 청중석에서 한 목소리가 불쑥 튀어나와 말을 잘랐다.

"잠깐만요, 연사 양반."

잭Jack이라는 이름의 장의사가 자리에서 일어나며 말했다. 그는 덩치가 꽤 컸고, 서 있는 모습만으로도 허리가 좋지 않다는 사실이 확연히 드러났다.

잭은 안타깝게 세상을 떠난 사람들을 언급하며 말을 이어갔다.

"나는 수년간 그 시신들을 수습해왔어요. 달리기 대회에서 쓰러진 사람도 있었고, 스쿼시 코트에서, 체육관에서 쓰러진 사람도 있었지요. 하지만 여태 술집 의자에서 쓰러진 사람은 한 번도 보지 못했어요. 내가 계속 지금 같은 모습으로 산다면, 아흔 살이 됐을 때쯤 어떤 샘 많은 남편이 쏜 총에 맞고 말 거예요!"

이 얘기로 강연장이 얼마나 소란스러워졌을지 충분히 짐작이 갈 것이다. 아이러니하게도 잭은 일하는 데에 많은 시간을 보내면서 자기 건강을 돌보는 데는 소홀했다. 복용하는 약이 엄청나게 많았던 그는 걸음을 옮길 때마다 비틀거렸다. 그에게서는 기동력이나 활력이 거의 느껴지지 않았다. 그렇다 보니 술집의 높은 의자에서 내려오는 것도 힘에 부쳤다.

잭은 의아해했다.

"이미 여기까지 온 내가 왜 다시 동네를 한 바퀴나 돌아야 하죠?"

IPS에 대한 개념은 사람마다 제각각 다르지만 아마도 잭은 그 상태에 있지 않았을 것으로 짐작된다. 달리기 대회, 스쿼시, 운동 모두 건강에 도움이 되지만 그건 얼마간의 회복기, 즉 노존 시간을 함께 가질 때에만 가능한 일이다. 슬프게도, 어떤 사람들은 그런 시간을 거의 갖지 못한다.

잭이 그 강연자에게 그 자리에서 대단한 조언을 하나 남기긴 했다.

"명심하세요, 모든 장례식의 규모는 그날 날씨에 크게 좌우된답니다."

자신을 너무 심각하게 대하지 마라. 항상 일만 한다면 한 번씩 휴식도 취하라. 늘 운동에만 열심이라면 틈틈이 쉬는 시간도 가져라.

제8장

이상적 수행 상태
(IPS)

너희는 두 유형의 고통들 중 하나를 선택하지 않으면 안 된다.
훈련의 고통, 아니면 실망과 패배의 고통이다.
― 짐 론Jim Rohn ―

고존에서 높은 수준의 성취를 이루기 위한 준비를 제대로 갖추기 전에 아울러야 할 고존 프로그램의 마지막 요소가 하나 있다. 그것은 각 고존에서 온전한 실현에 요구되는 저 높은 수준의 수행으로 올라가는 능력이다. 다시 말해, 다른 데 정신을 팔거나 핑계를 대는 일 없이 과제에 집중하기 위해 정신적으로나 육체적으로나 최상의 상태에 머무르는 것을 의미한다.

내가 IPS라고 부르는 이것은 고존에 들어갈 때마다 최고 수준의 수행으로 한 걸음 한 걸음 올라가는 능력에 관한 애

기다.

IPS에 이르기 위해서는 고존의 난관과 보상에 대해 육체적, 정신적 준비를 시키는 몇 가지 일들을 수행해야 한다.

IPS의 주요 특징 10가지

■ IPS 주요 특징 1

운동.

예정된 고존에 들어가기 24시간 전에 최소 30분간 지속하라.

노존에서 운동을 하고 있지 않더라도 최상의 상태에서 수행하는 것을 목표로 삼고 있다면 몸에서 대사 노폐물을 제거할 시간을 만들어낼 필요가 있다. 슬로존에서 운동하여 이 필요를 충족시켜도 좋고, 노존에서 운동을 해도 좋다. 일 생각은 깨끗이 잊고 일석이조의 효과를 노려라.

운동은 인간의 기본 욕구다. 운동을 하지 않으면 뇌에 산소가 고갈되어 쉽게 피로를 느끼게 되며, 자세가 나빠지고, 집중력이 약화된다. 운동은 고존 준비에 핵심적인 공헌을 한다.

당신이라면 큰일을 앞두고 그 전날 밤, 배고프거나 목마르거나 추운 채로 잠자리에 들겠는가? 웬만하면 그렇게 하지 않을 것이다. 당신은 아마도 고의로 당신의 몸에서 이런 기본적인 욕구들을 빼앗지는 않을 것이다. 한데, 몸이 최상의 상태에 있어야 할 때 운동할 기회를 막거나 계속 앉아 있게 되면 그렇게 하는 것이나 마찬가지다.

■ IPS 주요 특징 2

고존에 들어가기 24시간 전에 살이 40그램 넘게 찌지 않도록 조심하고 나쁜 음식을 선택하는 것은 한 번으로 그쳐라. 덧붙여, 고존 60분 전에는 초콜릿이나 에너지 드링크나 기타 패스트푸드를 철저히 금하라.

누가 더 좋은 고존을 만들어낼까? 아침에 소시지와 해시 브라운hash browns과 감자튀김을 먹은 사람일까, 아니면 당 지수GI가 낮고 영양가 높은 음식들로 식사를 한 사람일까?

고존 전에 생기를 북돋우기 위해 인공 첨가물을 사용하는 것은 일시적이고 효과적이지 못한 조치인 데다 중독성이 매우 강해 부작용이 염려된다. 10분 동안 당이나 카페인 수치를 한껏 높였다가 그 뒤에 몇 시간을 나른하고 무기력하게 보내는 건 고존을 달성하는 방법이 아니다. 또 한 번 '흥분'을 느끼고 싶게 만드는 방법일 뿐이다.

좋은 음식은 고존에 진입하고 머무는 것을 도와줄 것이다. 최상의 수행 상태가 되도록 잘 먹어라.

▪ IPS 주요 특징 3

수화 hydration.

고존 24시간 전에는 4리터, 1시간 전에는 600밀리리터의 물을 마셔라. 방광을 비우고 물병을 가득 채운 다음 고존으로 들어가라.

꼭 사막에서 기어 다녀야만 탈수 증상이 나타나는 건 아니다. 미미한 수준의 탈수만으로도 집중력 및 판단 능력에 영향을 미칠 수 있다. 고존 진입에 앞서 체내 수분량을 계속 유지시키고 편안한 휴식을 취하라.

적당한 수분 섭취는 근육과 관절 및 장기에 이롭다. 그러면 우선순위가 매겨진 할 일 목록을 토대로 일하는 동안 똑바로 앉아서 과제에 집중하기가 한결 수월해진다.

▪ IPS 주요 특징 4

고존 전날 밤 7시간 동안 침대에서 안정을 취하며 5~6시간 동안 방해받지 않고 잠을 자는 것은 IPS에 도달하는 문제에서 주요 우선순위로 꼽히는 사항이다.

숙면은 회복에 도움이 되는 인체 성장 호르몬 수치를 높여준다. 체내의 모든 조직은 성장 호르몬을 통해 재생된다. 성장 호르몬은 몸 전체를 위한 천연 보톡스Botox와 같지만 후자처럼 평생 어색한 표정을 연출하지는 않는다. 숙면은 효과적인 고존 습관을 계발하고 유지하는 능력에 기여하는 주요 인자다.

밤새 푹 자고 난 다음 개운한 기분으로 깨어나본 적이 있는가? 이런 상태는 인체 성장 호르몬이 다량 생산되었기 때문에 만들어진다. 이를 밤새 잠 못 들고 뒤척이다 겨우 눈을 붙였는데 자명종 소리에 후다닥 일어나게 되는 경우와 비교해보라. '한숨도 못 잔 것 같은' 기분은 인체 성장 호르몬의 부족에 기인한다. 밤에 숙면을 취하면 훨씬 더 효과적인 고존을 수행하게 된다.

수면은 논란이 많은 분야지만 수면 부족이 저조한 수행 실적의 주요 원인이라는 점에는 의심의 여지가 거의 없다. 세 가지 존들을 효과적으로 사용하는 것이 야간 숙면 습관을 들이는 데 도움이 될 것이다. 고존에서는 집중하고, 슬로존과 노존에서는 차츰 긴장을 풀다 보면, 일에 관한 생각을 점점 적게 하면서 흡족한 기분으로 평화롭게 잠으로 빠져드는 자신을 발견하게 될 것이다.

소파에서 잠깐 눈을 붙이는 버릇은 절대 들이지 말 것! 나중에 제대로 된 잠을 못 자게 된다. 일어나서 이리저리 돌아다니던가, 아니면 그 즉시 침대로 향하라.

■ IPS 주요 특징 5

고존 24시간 전부터는 음주를 금한다. 그렇다. 정확히 잘 읽었다. 당신도 그렇게 할 수 있다.

이것이 지나치게 엄격하다고 생각되면 고존들 중 최소한 하나에 대해서는 전날 술을 입에 대지 마라. 매주 단 하루에 불과하다. 하지만 그것이 만들어내는 차이는 신기할 정도로 크다.

참으로 지키기 힘든 결심이다. 술은 탈수 증상과 우울감을 일으킬 수 있다. 숙면을 방해하며 최상의 상태에서 수행하는 걸 막을 수도 있다.

생리적인 영향 뿐 아니라 고존 전날 밤 금주하는 습관은 심리적으로도 강해지는 효과를 불러온다. 희생이 기운을 낳는 것이다. 전날 밤 술을 한두 잔 마시는 것보다 고존의 성과를 높이는 걸 우선시할 때마다 평범함에 대해 승리를 거두는 셈이다. 게다가 금요일 밤에 마시는 술이 훨씬 더 맛좋다.

▪ IPS 주요 특징 6

"아주 잘 될 거야"라든지 "어서 고존에 들어가고 싶다" 같은 긍정적인 말과 (외적, 내적) 보디 랭귀지.

운동선수들은 긍정적인 사고의 힘이 얼마나 큰지를 여러 차례 보여준 바 있다. 우리는 이런 테크닉을 이용해 고존을 견디기보다는 즐기고 포용하는 방향으로 이끌 수 있다. 의지력은 방치되면 영속되는 경우가 드물다. 고존을 즐기다 보면 어느 사이 자꾸 반복하게 된다.

다음번 고존에 대해 긍정적인 느낌이 들지 않는다면 그런 느낌을 의식적으로라도 꾸며내라. 사실은 그런 기분이 안 들더라도 일부러 긍정적인 말을 하고 깨끗한 책상과 우선순위가 매겨진 과제 목록을 빨리 대하고 싶어 안달난 사람 같은 몸짓을 보여라.

▪ IPS 주요 특징 7

자세. 튼튼한 의자에 똑바로 앉아서 우선순위가 매겨진 할 일 목록을 의욕적으로 대한다.

적극적인 자세는 IPS에 도달하고 그것을 유지하는 데에 한층 도움이 될 것이다. 당신은 성공하려고 여기에 있다. 꼿꼿한 자세는 일을 중요시하고 있음을 나타내는 또 하나의 자기 신호_{self signal}다.

올바른 자세는 피로를 줄인다. 푹신한 의자는 처음 몇 초만 편안하게 느껴질 뿐 금세 몸을 꼼지락거리게 만들고 불편함을 유발하듯이 구부정한 자세로 있으면 동작이 산만해지고 행동을 자꾸 고치게 된다.

똑바로 앉아 일에 최대한 집중하라. 방법은 간단하다. 등과 엉덩이가 일직선이 되도록 최대한 상체를 세우는 것. 직접 해보면 그 차이를 금방 느끼게 될 것이다.

■ IPS 주요 특징 8

성공의 옷차림.

설령 집에서 일하고 있더라도 행동할 채비가 된 것 같은 느낌이 드는 옷차림을 하라. 고존 모드에 진입하는 데 유리하다면 기꺼이 고존 차림새로 바꿀 각오가 돼 있어야 한다.

모양새가 좋아야 기분도 좋다. 고존은 더 높은 수행 수준으로 오르는 계단이다. 얼룩이 진 옷에 지저분한 신발 같은 단정치 못한 차림새로 고존에 들어가려고 한다면 '여기서 정말로 최선을 다하고 있는 건 아니'라는 신호를 자신에게 보내고 있는 셈이다.

집에 있는 누군가와 화상회의를 시도해본 적이 있는가?

상대방의 입에서 회의가 원활치 못하다는 말이 나온다면 그는 여전히 양말과 잠옷 바람일 가능성이 크다. 고존에 그렇게 임해서는 절대 안 된다. 그 부분을 살피는 것이 IPS의 일부다.

'성공의 옷차림'을 하라. 나태한 옷차림은 또 하나의 잠재적 핑곗거리이자 죄책감에서 벗어날 수 있는 절호의 기회이기도 하다. 하지만 고존에서는 그런 구차한 변명이 통하지 않는다.

■ IPS 주요 특징 9

정신적 준비.

고존 날 아침에 스트레칭과 요가와 심상연습을 한다. 마음을 비우고 앞으로 할 일을 준비하라.

아마도 고존을 앞둔 아침이 될 텐데, 슬로존을 거쳐 이동하는 과정에서 앞으로 직면할 도전과 기회에 대해 몇 분간 준비 시간을 갖는 것이 큰 도움이 될 것이다. 다가올 도전에 대비한 몇 분 동안의 스트레칭과 정신적 훈련은 바로 그 결실을 맺는다.

이런 정신적 준비는 약 2분 동안의 심호흡을 수반하는데, 모든 고존의 시작과 끝에 이를 위한 시간을 배치하고 기꺼이 투자하라.

이제 곧 당신이 고존에 들어갈 것임을 누군가에게 알려라. 소리 내어 말하고 나면 그 시간을 100퍼센트 활용하고 100퍼센트 노력을 기울이려는 마음이 한층 강해질 것이다.

자신과의 약속보다 타인과의 약속을 깨트리는 것이 더 어려운 법. 동료나 친구에게 공언을 하면, 도전을 대하는 마음가짐이 달라질 뿐 아니라 방해받고 싶지 않다는 뜻을 미리 알릴 수도 있다.

고존의 의식적 측면도 매우 중요하다. 부저 울리기, 심호흡하기, 책상에 상징물 올려놓기 등이 그러한 예다. 고존에 들어갈 것임을 누군가에게 알리는 행위는 IPS에 놓이는 시간을 안전하게 보장받는 또 하나의 강력한 방법이다.

■ 교황과 교통경찰

한 교통경찰이 오랜 교대근무를 끝내려는 참이었다. '매일 똑같은 일과구나…….' 그는 속으로 중얼거렸다.

늦춰진 교대 시간을 기다리는 지루함은 때때로 과속 차량을 길가에 잡아 세우는 것으로 끝이 나곤 했는데, 아주 드물게는 단속을 피할 수 있다고 생각하는 어리석은 사람들 때문에 아드레날린이 마구 분비되는 추격전이 숨 가쁘게 벌어지곤 했다.

오늘도 여느 날과 다를 바 없었다. 교대 시간을 30분 남겨 놓고 그의 눈은 슬슬 결승선을 찾고 있었다. 검은색 리무진 한 대가 쌩— 하고 그의 곁을 스쳐 지나간 것은 바로 그때였다. 제한속도를 최소 20km/h 이상 초과한 속도였다.

겨우 5분 전쯤, 교황이 리무진의 뒷좌석에 앉아 운전기사를 닦달하고 있었다.

"이보시게, 늦었어요, 늦었어. 서두르지 않으면 비행기를 놓칠 거야. 그리 되면 날 만나기 위해 기다리는 수천 명의 순례자들이 크게 낙담할 것이네. 그들 중에는 거기까지 오는 데 며칠이 걸리는 사람들도 있어요."

운전기사는 시간에 맞춰 약속된 장소에 도착하기 위해 최선을 다했으나 교황은 여전히 만족하지 못했다.

"자, 자, 좀 더 밟아보게. 속도를 내도 하느님은 자넬 용서하시겠지만 제 시간에 공항에 도착하지 못하면 나는 자넬 용서치 않을 걸세."

운전기사가 속도를 더 올렸으나 그래도 교황의 성에는 차지 않았다.

최후의 시도로 교황이 앞좌석으로 넘어가 직접 핸들을 잡고는 운전기사에게 말했다.

잠시만 "뒤로 가 있게. 성직자가 어떻게 운전하는지 내 솜씨를 보여주지."

그렇게 된 것이었다. 불운한 운전기사는 지시대로 순순히 뒷좌석으로 가 안전띠를 채웠고, 리무진은 고속도로 순찰대가 숨어 있는 곳을 로켓처럼 지나간 것이었다.

교통경찰관은 지체 없이 추격에 나섰다. 빈둥대며 교대 시간을 기다리던 모습은 더 이상 찾아볼 수 없었다. 정신 바짝 차리고 다시 게임에 합류하였다. 고존으로 돌아간 것이다. 그 역시 속도를 좀 내긴 했으나 결국에는 리무진을 따라잡아 손짓으로 길가에 세웠다. 차 안에 탄 사람이 누군지 금방 알아보았지만 그는 시간이 촉박하다거나 비행기를 놓친다거나 하는 하소연에 시달릴 생각이 없었다. 대신 단호하게 일렀다.

"여기서 기다려요."

그 경찰관은 그 말이 결코 대충 처리하고 넘어갈 사안이 아님을 알고 있었다. 해서 그는 본부에 있는 상관에게 전화를 걸기로 결심했다. "좀 난감한 상황이 벌어졌습니다. 과속 차량을 적발했는데, 세우고 보니 대단한 거물급 인사가 타고 있네요. 제한속도를 적어도 20km/h 초과했는데 말입니다. 어떻게 하면 좋을까요?"

"그래? 그게 누군가?"

상관이 물었다.

"잘은 모르겠습니다."

경찰관이 대답했다.

"하지만 정말 대단한 인물임에 틀림없습니다. 교황이 그의 운전기사니까요!"

제9장
IPS
역량 테스트

O - ZONE

"

엄연한 사실에 직면하라.

— 밥 콜린스Bob Collins —

"

효과적인 고존 습관을 키우기 위해서는 IPS에 일상적으로 도달할 수 있어야 한다. 필요한 경우에 IPS를 이루거나 '작동'시키는 능력이 얼마나 되는가? 단기적으로 자세, 체력, 영양, 수면, 수화작용 같은 요소들이 결합하여 IPS를 만들어낸다. 더 큰 사안은 종합적인 가능성과 역량이다. 피로와 좌절 및 기타 핑계들로부터 받는 충격을 최소화하는 신체적 능력 말이다. 역량이 커질수록 IPS에 도달하고 이를 반복하기가 쉬워진다.

당신은 5년 전과 다름없는 신체 능력을 가지고 있는가?

아니라면, 그동안 얼마나 많은 능력을 잃었는가? 그것을 다시 되찾고 싶은 생각이 있는가? IPS 역량 테스트를 기꺼이 받아보겠는가?

신체 능력을 테스트하고 측정하는 일은 전혀 복잡할 필요가 없다. 정교한 심전도 검사, 혈액 효소 분석, 초음파 체지방 분석 같은 방법을 통해 상당히 많은 정보가 드러나는 반면 이 검사들은 값이 비싸고 시간이 오래 걸리며 혼동이 발생할 가능성도 있다.

줄자와 도와줄 친구 한 명만 있으면 자신이 집에서 남모르게 할 수 있는 간단한 테스트를 통해서도 많은 정보를 얻을 수 있다. 그 테스트들은 스트레스 받지 않고 재미있게 시도할 수 있는 것들로서 자신의 신체적 능력이 어느 정도인지를 알아낼 도전적이고 실용적인 방법을 제공한다. 그것들은 체력보다는 기능과 능력을 측정한다. 그러므로 신체 능력의 현 상태를 제대로 파악하기 위해 이런 테스트에 기꺼이 도전해보기를 권한다.

이제부터 당신이 시도하게 될 능력 테스트는 모두 10가지다. 3대 주요 항목은 심장, 기력, 유연성인데 다 함께 IPS 잠재성을 나타낸다. 테스트 결과로 수행 등급을 매길 수 있도록 부디 열거된 순서대로 테스트에 임하고 결과를 빠짐없이 기록하기를 바란다.

혹시 불편하게 느껴지거나 기존 부상을 악화시킬 수도 있는 테스트라면 절대로 시도하지 마라. 각 과제에 대해서 0점, 1점, 2점, 또는 3점을 매겨라. 1/2점이란 건 없다. 가능한 최고 점수는 30점이다.

시작하기 전에 요구되는 사항 두 가지. 첫째, 가능하면 테스트를 도와줄 사람을 구하라는 조언이다. 수를 세고, 시간을 재고, 측정하고, 의욕을 불어넣고 상황을 판단할 사람이 있으면 상당한 도움이 된다. 둘째, 테스트 내용을 읽기만 하고는 '그래, 이렇게 하려면 할 수 있으니까 3점을 줘야지'라고 생각하지 말 것. 실제로 시도한 다음 각 테스트의 점수 기준에 따라 받을 자격이 있을 때에만 점수를 주라. 그럼, 이제 시작해 보자. 행운을 빈다.

■ 테스트 1: 안정 시 심박수

심혈관계 효율성에 대한 가장 기본적인 척도가 안정 시 심박동수다. 안정 시 심박동수란 단순히 몇 분간 활동하지 않고 앉아 있는 동안 심장이 얼마나 빨리 뛰는지를 의미한다. 감각수용기가 많이 분포해 있는 검지와 중지를 이용하여 맥박이 뛰는 지점을 천천히 찾아라. 맥박이 금방 느껴질 거란 기대는 하지 마라. 지그시 누르고서 조금 기다려야 느낌이 올 것이다. 턱 관절 아래(귀 밑 앞쪽)의 경동맥이나 엄지와 팔목 사이의 요골맥박을 재면 된다. 1분 내내 맥박수를 재어 최대한 정확하게 기록하라.

숫자가 낮을수록 좋다. 심장이 적은 노력으로도 피를 잘 순환시키고 있다는 뜻이니까. 심박동수가 분당 70bpm 밑으로 나오면 3점, 71~80이면 2점, 81~90이면 1점을 매긴다. 90bpm을 넘는 경우는 0점이다.

■ 테스트 2: 순환

가슴께로 양손을 든 다음, 한쪽 엄지손톱을 5초 동안 꾹 눌러라. 손가락 끝의 피가 사라져 손톱이 분홍색에서 하얀색으로 변할 때까지 누른다. 압력을 풀고서 손톱이 몇 초 만에 다시 분홍색이 되는지 주시하라. 2초가 채 걸리지 않으면 피가 지체 없이 모세혈관을 통과하는 것이므로 3점을 매긴다. 완전히 분홍색으로 돌아오는 데 2~4초가 걸리면 2점, 4~6초가 걸리면 1점을 매긴다. 6초를 넘겨서야 분홍색으로 돌아올 경우 나머지 능력 테스트는 일단 접고 안전을 기하기 위해 의사에게 자문을 구하라.

■ **테스트 3: 허리 – 엉덩이 둘레 비율**

허리 — 엉덩이 둘레 비율은 간단하지만 올바른 신체 비율을 드러내는 치수이며, 건강에 대한 신뢰할 만한 예측 변수다. 허리의 가장 가는 부분(대개 배꼽 바로 위)의 둘레를 잰 다음 엉덩이의 가장 넓은 부분(대개 엉덩이의 최상부)의 둘레를 재기만 하면 된다.

두 치수가 나오면 허리 치수를 엉덩이 치수로 나눠라. 쉽게 말해 우리는 허리가 엉덩이보다 가늘기를 원한다. 허리 치수가 80센티미터이고 엉덩이 치수가 100센티미터라면 80을 100으로 나누어 0.8을 얻는다.

• **득점 체계**

남자	여자
〈 0.8 = 3점	〈 0.9 = 3점
0.8~0.9 = 2점	0.9~1.0 = 2점
0.9~1.0 = 1점	1.0~1.1 = 1점
〉1 = 0점	〉1.1 = 0점

■ **테스트 4: 폐활량**

폐 기능과 폐활량을 측정하기 위해 도전할 과제는 한참

동안 숨을 참는 것이다. 이 테스트는 너무 심하게 하지 마라. 숨을 내쉴 때 폐에 공기가 몇 초 동안 남아 있는 기분이 들어야 한다. 조금 불편한 건 괜찮지만 얼굴이 보랏빛으로 바뀌기 시작하면 확실히 숨을 내쉬도록 양 볼을 쿡 찔러달라고 파트너에게 부탁하라.

도움이 될 테크닉 하나는 약간 불편함이 느껴지기 시작하면 'O'자로 오므린 입술을 통해 천천히 숨을 내쉬어라. 호흡 욕구는 산소 부족보다는 이산화탄소 생성에 의해 일어나므로 천천히 숨을 내쉬게 되면 이런 느낌이 드는 걸 지연시킬 수 있다.

시작하기 전에, 준비하는 차원에서 앉은 자세로 숨을 크게 들이마시고 내쉬기를 6회 반복한다. 시계를 보면서, 숨을 크게 들이마시고 그대로 참아라. 30초가 지나도록 숨을 참는 데 성공하면 1점을 매긴다. 45초 이상 참으면 2점, 60초라는 궁극적 목표에 이르면 3점이다. 어떤 기록이든 깨려고 들지 마라. 1분 이상 숨을 참는다고 점수를 더 주는 일은 없다. 그러니 목표를 달성하기만 하면 숨을 내쉬어라. 그런 다음 다시 들이마시기를 반복하라. 아직 15초 이상 남았는데 한계를 느끼면, 즉시 테스트를 중단하라. 의심이 들거든, 내보내라. 숨을 내쉬어라.

■ **테스트 5: 회복**

(주의: 테스트 6은 테스트 5에서 이어진다. 그러니 테스트를 시작하기 전에 두 항목을 함께 읽어라.)

이것은 회복 모드에서 심혈관계 효율성을 측정하기 위한 빨리 걷기 테스트다. 최소한 5미터 길이의 뚫린 공간이 있는 방이나 오솔길, 혹은 복도를 확보해야 한다. 단순하게 방 안에서 왔다 갔다 하거나 1분간 쉼 없이 길을 따라 걸어라. 속도는 빨라야 한다. 느릿느릿 걷진 말되 뛰어서는 안 된다. 그냥 편안하게 빠른 속도로 왕복하거나 한 방향으로 쭉 나아가며 1분을 채워라.

1분이 다 되거든 곧바로 앉아 조용히 쉬면서 숨을 골라라. 이후 2분간 그 자리에 머물게 될 것이다. 테스트를 마치면서부터 시계나 스톱워치를 이용해 30초를 센 다음, 다시 30초 동안 심박동수를 세어라. 이때 파트너의 도움을 받을 수도 있고 본인이 직접 셀 수도 있다. 그렇게 해서 얻은 수를 2배로 하면 1분 동안 뛰는 박동 수가 된다.

■ **절차를 정리하면 다음과 같다.**

2분 간 걷기 테스트

30초 간 회복

이 테스트에 대한 점수는 테스트 1의 안정 시 심박동수와 비교할 때 의미가 있다. 테스트 5의 심박동수와 안정 시 심박동수(테스트 1)의 차이가 5 이내이면 3점을, 6~10에 해당하면 2점을, 11~15에 해당하면 1점을 매긴다. 15bpm 넘게 차이 나는 경우엔 점수가 없다.

가령, 테스트 1의 안정 시 심박동수가 75bpm이었고 회복 심박동수가 84bpm이라면 9bpm의 차이가 나므로 2점을 얻게 된다.

■ 테스트 6: 회복

1분간 회복기를 연장하는 것이라고 보면 된다. 빨리 걷기는 더 이상 안 한다. 테스트 5에서 1차 회복기의 마지막 30초 동안 심박동수 세는 것을 마쳤으면 앉은 상태로 다시 한 번 30초 동안 심박동수를 재라. 그리고 그 수치를 2배로 하여 분당 횟수를 내라. 헷갈리지 않도록 아래와 같이 정리해보자.

1분간 걷기 테스트

30초간 회복

30초간 심박동수 측정(테스트 5)

30초간 회복

30초간 심박동수 측정(테스트 6)

이번에도 bpm을 테스트 1의 안정 시 심박동수와 비교하는데, 점수 등급은 더 빡빡하다. 테스트 6의 심박동수가 안정 시 심박동수와 3 이내로 차이나면 3점을, 4~6 이내면 2점을, 7~10에 속하면 1점을 매긴다. 10점 넘게 차이 나는 경우엔 점수가 없다.

이 테스트에서 경험으로 알게 되는 흥미로운 점 하나는 많은 사람들이 회복 심박동수가 실은 테스트 1에서 잰 안정 시 심박동수보다 낮다는 사실을 처음 깨닫는다는 것이다. 이는 운동이 긴장을 풀어준다는 점을 잘 설명해주는 예다. 때때로 압력을 낮추는 가장 좋은 방법은 긴장을 더 가했다가 푸는 것이다. 주먹을 꽉 쥐었다 폈다 하면 손의 근육이 부드러워지는 것과 같다. 이는 또한 우리에게 운동으로 매일 심장이 뛰는 횟수를 줄일 수 있음을 가르쳐준다. 운동하는 동안에 우리는 더 많은 박동 수를 '써버리'지만 그날 나머지 내내 낮은 심박동수로 지내는 순이익을 얻는다.

■ 테스트 7: 유연성

벽을 마주보고 바닥에 앉아 발바닥이 벽에 닿도록 두 다리를 쭉 뻗는다. 이때 무릎이 구부러지는 일이 없도록 유의하라. 서너 차례 상체를 무릎 쪽으로 천천히 굽히면서 근육을 좀 풀어주되 갑자기 등을 굽히거나 숙이지는 마라. 이 테스트는 최대한 멀리 상체를 앞으로 뻗어 무릎을 구부리는 일 없이 마주잡은 양 손 끝이 발가락에 닿는지를 보기 위함이다. 최대한 뻗은 상태를 3초간 유지해야 유효하다고 인정되므로 상체를 푹 들이밀었다 빼는 방식은 아무 소용이 (점수도) 없으며, 제임스 본드가 총을 겨누는 자세로 양 손과 가운뎃손가락을 모아야 한다.

• 득점 체계

발가락에 닿을 때: 3점 (손바닥을 합친 채 3초간 유지)

5센티미터 이내로 안 닿을 때: 2점 (손바닥을 합친 채 3초간 유지)

10센티미터 이내로 안 닿을 때: 1점 (손바닥을 합친 채 3초간 유지)

10센티미터 넘는 거리로 안 닿을 때: 0점

■ 테스트 8: 기동성

이것은 하기는 어렵지만 우리의 기동성을 드러내는 요가

동작에서 파생되었다. 팔굽혀펴기 자세로 시작하되 엉덩이를 위로 들어 올려 몸이 A자 모양이 되게 하라. 무릎이 땅에 닿아선 안 된다. 두 손 사이에 선을 긋거나 줄자를 놓고서 '목표선'으로 삼으면 도움이 된다.

과제는 한 다리^{뒷다리}를 고정시켜두고 다른 한 다리^{보행다리}를 앞으로 뻗어 보행 발이 두 손 사이나 최대한 가까운 지점에 오도록 만드는 것이다. 이는 양손과 뒷발이 고정돼 있는 동안 한쪽 다리를 양 손 사이에 가져다 놓는 '스텝스루^{step through}' 동작과 같다. 생각보다 하기 어렵다.

• 득점 시스템

발가락이 두 손 사이의 선에 닿으면 3점.

발가락이 두 손 사이의 선에 5센티미터 이내로 근접하면 2점.

발가락이 두 손 사이의 선에 10센티미터 이내로 근접하면 1점.

발가락이 두 손 사이의 선에 10센티미터 이내로 근접하지 못하면 0점.

■ 테스트 9: 복부 근력

이것은 단계적 테스트로, 1단계를 수행해야^{1점} 2단계로 넘어가고^{2점}, 마찬가지로 2단계를 거쳐서 3단계로 나아가게 구성돼 있다. 윗몸 절반 일으키기^{half sit-up 또는 crunch}를 천천히 3~4회 행하여 복부를 준비시켜라. 이 테스트에서는 테크닉이 매우 중요하므로 파트너가 심사자가 되어서 당신이 점수를 따냈고, 다음 단계로 갈 자격이 되는지의 여부를 판단할 것이다.

1단계에서는 등을 대고 바닥에 누워 양팔을 머리 위로 뻗고 다리를 편다. 슈퍼맨 자세와 같은데, 단 얼굴이 위를 향하게 한다. 허리와 발뒤꿈치는 계속 바닥에 붙여라. 양손을 천천히 위로 들어 올리는 것으로 운동을 시작한다. 이어 머리와 어깨 및 몸통을 들어 올리면서 상체를 일으켜 웅크리듯 앞으로 기울인다. 그러고 나서야 허리를 자연스럽게 들어 올리는데, 뒤꿈치는 여전히 땅에 고정시켜둔다. 발끝까지 손이 닿을 필요는 없지만 첫 번째 점수를 얻으려면 전체 동작 내내 뒤꿈치를 바닥에 대고 있어야만 한다. 그게 규칙이다. 뒤꿈치가 바닥에 붙어 있어야 점수가 얻을 수 있다

어쩌면 당신은 윗몸 일으키기를 이런 식으로 하지 말라는 조언을 한 번쯤 들어봤을지도 모르겠다. 그러나 허리와 발뒤꿈치가 계속 바닥에 붙어 있기만 하면 이는 복부와 허리를 강화시키는 최상의 방법이다.

1단계를 무난히 수행한다면 두 번째 점수를 받기 위해 그 운동을 반복하되 이번에는 손가락들을 이마에 대고 팔꿈치

   · 고존으로 승부하라

를 옆구리에 붙인 상태로 시작한다. 이제는 무릎을 굽힌다. 발바닥 (뒤꿈치가 아니다) 을 바닥에 대고, 상체가 수직으로 세워질 때까지 몸을 일으키는 동안 그 상태를 유지해야 한다. 두 번째 점수를 얻으려면 손가락들이 이마에서 떨어져도 안 되고 발뒤꿈치가 바닥에서 들려도 안 된다. 둘 중 하나의 경우라도 발생하면 점수를 못 받는다. 5회까지 시도한 다음 3단계로 넘어가든지, 테스트 9에 대해 1점만을 받든지 둘 중 하나를 하게 된다.

마지막 도전과제는 한 번 더 웅크리는 동작을 반복하는 것인데, 이번에는 양손을 목 뒤에서 깍지 낀 채 행한다. 무릎은 여전히 굽히고 발바닥도 바닥에 댄 상태다. 뒷목을 앞으로 잡아당기는 식이어서는 안 된다. 복부를 이용해 천천히 상체를 들어 올리는 식이 되어야 세 번째 점수를 얻는다. 관건은 발바닥이 내내 땅에 붙어 있고 깍지 낀 두 손이 머리 뒤에서 풀리지 않느냐다.

■ 테스트 10: 상체 근력

다들 이 시간이 올 줄 알았을 것이다. 바로 팔굽혀펴기 테스트다. 남자는 발가락과 손만 바닥에 대고 팔을 완전히 굽혔다 펴야 한다. 여자는 무릎을 바닥에 대도 괜찮지만 지면에서 떨어진 손발에 대하여 무게 균형이 앞쪽으로 잡히게 한다. 예외가 많긴 하지만 남자는 상체 근력 면에서 유전학적으로 유리하므로 테스트 기준에 약간 차이를 둔다. 이는 중요한 부분이다. 남자는 양발을 바닥에 대고, 여자는 무릎을 바닥에 대되 양발은 바닥에서 떼어라. 그렇지, 그렇게! 굿!

테니스공, 오렌지, 사과, 또는 이와 비슷한 물건을 가슴 바로 아래, 바닥에 놓는다. 팔굽혀펴기에서 몸이 내려갈 때마다 이 물건에 가슴뼈가 닿아야만 1회로 친다. 유념해야 할 좋은 테크닉은 몸을 앞뒤로 움직이기보다는 위아래로 움직이는 것을 잊지 않는 것이다. 당신의 파트너는 좀 원망을 듣더라도 당신이 계속 정직한 동작을 취하게 만들어야 한다. 시간 제한은 없다. 매회 완전하게 실행하기만 하면 된다.

• 득점 체계

'테니스공에 가슴이 닿는' 팔굽혀펴기 30회 = 3점

'테니스공에 가슴이 닿는' 팔굽혀펴기 20회 = 2점

10회 = 1점

'테니스공에 가슴이 닿는' 팔굽혀펴기 10회 미만 = 0점

1. 안정 시 심박동수 　　　　　　　　　_____

2. 모세혈관 회복 　　　　　　　　　　_____

3. 허리_ 엉덩이 둘레 비율 　　　　　　_____

4. 폐활량 　　　　　　　　　　　　　_____

5. 호기성 복구 1 　　　　　　　　　　_____

6. 호기성 복구 2 　　　　　　　　　　_____

7. 유연성 　　　　　　　　　　　　　_____

8. 기동성 　　　　　　　　　　　　　_____

9. 복부 근력 　　　　　　　　　　　　_____

10. 상체 근력 　　　　　　　　　　　_____

총점 : 　　　　　　　　　　　　　　_____

• 득점 체계

26~30 : 축하한다. 당신은 매우 높은 신체 능력을 지녔다. 표준을 훌쩍 넘어 대단한 수준이다. 지금까지 해온 것처럼 계속 활동적으로

지내면서, 밝은 표정과 기분, 충분한 에너지와 활력, 안정된 수준의 건강이라는 보상을 누려라. 당신은 마음대로 이상적 수행 상태에 접속할 수 있다.

20~25 : 잘했다. 당신은 높은 신체 능력을 지녔다. 긍정적인 능력 변수를 많이 가지고 있다. IPS를 한층 더 발전시키는 데 필요한 기반을 갖추었다.

20 미만 : 부족한 점이 좀 있지만 얻을 것도 많다. 테스트 전반에 걸쳐 평균이 2점에 많이 못 미친다. IPS에 더 자주 도달하도록 시간과 노력을 투자하면 일의 성과가 날 것이다.

규칙적인 운동은 잃어버린 속성의 일부를 되찾는 데 도움이 된다. 안색과 기분이 나아지고 수행력도 향상될 것이다. 고존과 노존 시간의 일부를 신체 훈련에 할애함으로써 능력을 재건하라.

■ 더 좋은 닭

한 손님이 정육점에 들어와 생닭을 찾았다.

"잠시만 기다리세요, 손님."

주인이 대답했다.

"생닭은 늘 뒤편에 두거든요."

주인은 가게 뒤편으로 갔다가 닭이 딱 한 마리밖에 남지 않았음을 알게 되었다. 카운터로 돌아와 그 닭을 손님 앞에 내놓았다.

"여기 있습니다. 12달러예요."

한데, 손님은 영 마뜩찮은 표정이었다.

"닭이 그다지 좋아 보이지 않는데요? 좀 작고 때깔도 별로고요. 더 좋은 놈 없나요?"

"한번 찾아보죠."

주인은 이렇게 말하고는 다시 가게 뒤편으로 향했다. 손님을 놓치고 싶지 않았지만 닭은 한 마리가 전부였다. 그때 문득 묘안이 떠올랐다. 좀 위험한 짓이었지만 틀림없이 먹힐 거라고 그는 확신했다.

그는 아까 보여주었던 닭을 깨끗이 씻어서 접시 위에 올려

놓은 다음, 환한 미소와 함께 카운터로 들고 돌아왔다.

"여기 있습니다, 손님. 이게 저희 가게에 있는 것들 중 최곱니다."

손님은 아주 흡족해하는 표정을 지었다.

"아, 훨씬 낫네요. 고마워요. 두 마리 다 사겠어요!"

능력 테스트 점수를 매길 때 당신한테 가장 이로운 것은 진실이다. 닭을 팔 때처럼, 설사 마음에 차지 않더라도 말이다. 다시 한 번 강조해서 말하건대, 결과를 얼버무리지 마라. 자신에게 정직하라.

제10장

능력 재건하기

땀방울이 매번 후회를 이긴다.

― 마크 맥키언Mark McKeon ―

능력 테스트에서 20점 미만을 받는다면 이상적 수행 상태를 만들어내는 능력이 딸릴 것이며 고존에서의 효율성 또한 떨어질 것이다. 따라서 능력을 재건하는 것이 무엇보다 급선무다.

좋은 소식과 나쁜 소식이 있는데, 전자는 IPS 능력 점수가 생각만큼 높지 않으면 즉시 어떤 조치를 취할 수 있다는 것이다. 그 방법은 단순하며 결과는 엄청나다.

나쁜 소식은, 반드시 자기 스스로 구슬땀을 흘려야 한다는 것이다. 세상엔 남의 손을 빌릴 수 없는 일이 있다.

앞으로 10주 동안 매주 고존 시간 중에서 1시간을 신체 능력을 향상시키는 데 쓰면 어떻게 되겠는가? 1주일에 1시간 만으로도 첫 걸음이 떼어지고 분명한 차이가 생길 것이다. 신체적인 이득을 누리게 될 뿐 아니라 정신적으로도 더 강해질 것이므로 업무나 가사에 바치는 고존에서 더 많은 효과를 얻게 될 것이다.

당신이 눈코 뜰 새 없이 바쁘다고 가정해보자. 누군가가 먹기만 해도 능력이 생기는 알약을 발명하거나 하루를 24시간 이상으로 늘리지 않는 한 당신은 운동할 짬도 내지 못할 정도로 계속 바쁠 것이다. 잠을 더 줄일 각오가 돼 있지 않고 책임과 흥미에 주로 초점이 맞춰져 있다면 이는 당신의 능력 프로그램이 고작 주 2회 30분짜리 과정으로 짜일 수밖에 없다는 뜻일 수도 있다.

이런 것들을 기본 규칙이라고 가정할 때 주당 60분 과정을 하나하나 최대한 이용할 필요가 있다. 30분씩 주 2회 운동은 낮은 출발점이다. 여기서 시간 할당을 더 조정하거나 줄일 수는 없다. 마치 배수진을 치고 금융 협상을 벌이는 것과 같다. 주 2회 운동은 개진의 첫 수가 아니다. 1주일 동안 짜내야 하는 최소한의 시간이다. 어떻게 해서든 역량 훈련에 더 많은 시간을 할당해야지 더 줄여서는 안 된다. 이것이 핵심원칙 1이다.

이틀이란 시간 뒤에는 내일이 어제가 된다. 다시 말해, 당장에 정신없이 바쁜 일이 무엇이건 그다음으로 훈련 시작을 미루지 말라는 것. 하는 일을 제 시간에 끝낸다 해도 다음 달에 또 그만큼 바쁜 다른 일이 생길 것이다. 아무리 시간에 쫓겨도 당장 시작하라. 수첩을 꺼내 다음 7일 이내에 운동 시간이 2회가 되도록 일정을 짜라. 우선순위를 정하고, 혹시 전자 수첩이 있다면 알람 기능을 최대한 활용하라. 이것이 둘째 계명이다.

신체단련을 생각하지 말고 능력을 생각하라. 주 2회 운동으로는 스쿼시 시합을 벌이거나 달리기 대회에 참가할 정도의 체력이 길러지지 않는다. 하지만 주 2회 운동은 신체 배출 장치로는 작용할 것이다.

대사 노폐물은 사람을 처지게 만들고 신체능력을 서서히 잠식한다. 아래에 대략 설명된 운동 과정에서는 평소보다 깊게 호흡을 하게 되므로 폐에서 이산화탄소 마개가 제거될 것이다. 아울러 호흡 시 응결 현상을 통해, 또 피부 구멍으로 나

오는 땀의 형태 및 운동 후 화장실에서 볼일을 보는 방식으로
요소와 젖산과 긴장감이 제거된다. 이러한 운동 시간을 '신체
혹사'보다는 '신체 배출' 과정으로 여겨라.

몸 상태가 완전 엉망이고, 뻣뻣하고, 기운도 없어서 운동
한 번 더 거른다고 달라질 게 없다는 생각이 들면 훈련에 나
서는 대신 침대에서 일어나지 않거나 사무실에 콕 박혀 있게
되기 쉽다. 이럴 땐 이렇게 생각을 바꿔주었으면 좋겠다. '그
래, 내 몸 상태가 엉망인지도 몰라. 하지만 30분짜리 운동으
로 내 능력이 유지되고 재건된다면 그 운동은 충분히 해볼
가치가 있어.'

자동차 외부가 더러워지면 우리는 시간을 내어 세차를 한
다. 몸이 더러워지면 우리는 목욕을 한다. 우리 몸은 음식물
소화, 대기 오염, 에어컨 가동, 압력과 자세 등을 통해 내부가
더러워진다. 이를 몇몇 불가피한 노화 현상과 결합시켜보라.
그러면 당연하게도 신체적 기량과 IPS 생성 능력을 암암리에
잃게 될 수도 있다.

일주일에 두 번 운동할 때 그것을 몸 내부를 씻는 일이라
고 생각하라. 한 주에 두 번만 훈련을 하고 있으니까 매번 몸
전체를 단련하라. 여기서 몸 전체는 상체, 하체, 심장과 폐를
의미한다. 자전거 타기로만 그치지 마라. 그건 상체 근력과 기

동성에 거의 도움이 안 되니까. 역기만 들고 끝내도 안 된다. 그건 심장과 폐에 별 영향을 못 끼치니까. 근육을 늘리고 조이는 운동을 하는 동안 순환계를 씻어내고 튼튼히 하는 심장 파트나 유산소 파트를 곁들일 필요가 있다.

일주일에 두 번 이 30분짜리 운동을 실천해보라. 이번 주, 다음 주, 그리고 그다음 주에도 계속해서.

시간	활동	
3분	준비 운동	걷거나 천천히 뛰면서 체온과 근육의 탄성을 높인다.
3분	스트레칭	종아리 스트레칭부터 시작한다. 벽을 마주보고 양발을 모아 기대어 선 다음, 발바닥이 지면에서 떨어지지 않게 하면서 최대한 발을 뒤로 뺀다. 15초 후에 자세를 풀고, 10초간 휴식을 취한 다음 같은 동작을 반복한다. 여전히 벽을 마주보고 양손을 짚은 상태에서 한쪽 발목을 쥐고 엉덩이 쪽으로 뒤꿈치를 끌어당긴다. 그 자세를 15초간 유지하다가 발을 바꿔 똑같이 실시한다. 그런 다음 번갈아 한 번씩 더 반복한다. 단, 공중부양이 가능하지 않는 한 두 다리에 대해 동시에 시도하지는 말 것. 무릎과 엉덩이 사이 정도 높이의 의자 같은 것에 한쪽 발뒤꿈치를 올려놓음으로써 허벅지 뒤쪽을 스트레칭한다. 다른 한 다리로 균형을

3분	스트레칭	잡고 스트레칭하는 다리 위로 몸을 기울인다. 스트레칭하는 동안 호흡을 차분하게 유지한다. 15초 후에 다리를 바꿔서 실시하고 번갈아 한 번씩 더 반복한다. 다음 순서는 수차례 어깨를 돌리는 상체 스트레칭인데, 마치 코끼리인 척하는 더 위글즈(the Wiggles. 호주의 남자 어른들로 구성된 유아를 위한 밴드 — 옮긴이)를 흉내 내듯 팔을 좌우로 휘두른 후 처음에는 한 번에 한 팔씩, 다음에는 양팔을 함께 앞뒤로 원을 그리며 휘두른다. 골반 근육의 긴장이 풀리고 움직일 준비가 되도록 허리에 투명한 훌라후프가 걸린 것처럼 허리를 돌리는 것으로 스트레칭을 마친다.
10분	유산소 운동	다음 10분은 유산소 운동을 한다. 체육관을 다닌다면 이것이 실내 조정이나 클라이밍(climbing), 스테핑(stepping 전후좌우로 한발 내딛는 것)을 의미할 수도 있겠지만 주변에 아무 장비가 없는 경우엔 선택은 걷기 아니면 달리기다. 무난한 수준으로 편안하게 실시하라. 당신은 올림픽에 나가려고 훈련하는 게 아니다. 단지 자신의 신체적, 정신적 건강을 위해 훈련하는 거다. 그러니 무리하지 마라. 가벼운 불편함 이상으로 자신을 몰아세워봤자 득 될 게 없다. 아직 해야 할 운동이 남아 있다.
10분	탄력과 형태	다음 10분은 근육의 탄력과 형태를 유지하는

10분	탄력과 형태	데 사용한다. 준비물은 공원 벤치나 침대 또는 의자가 전부다.
30초	스텝업 (Step ups)	무릎이 엉덩이 높이에 이르도록 한 발을 의자 위로 올린 다음, 다른 한 발을 힘차게 들어 올리고는 의자 위에서 무릎을 펴고 양발을 나란히 한다. 한 번에 한 발씩 내려온다. 리드하는 다리를 바꿔서 30초 동안 계속한다.
30초	딥(Dips)	반쯤 앉은 자세로 시작하되, 마치 페인트칠한 걸 방금 깨달은 것처럼 두 손을 사용해 의자에서 엉덩이가 떨어져 있게 한다. 손은 의자를 짚고 다리는 죽 뻗은 채로 엉덩이를 땅에 거의 닿을 정도로 낮춘다. 그런 다음, 팔꿈치를 계속 몸에 붙인 상태에서 뒤를 밀어 올려 시작 자세로 돌아간다. 그리고 이를 반복한다. 위 팔뚝 뒤쪽에 일어나는 변화가 느껴질 것이다.
30초	스쿼트 (Squats)	의자를 잡고 균형을 유지한다. 두 발을 모으고 허리를 최대한 곧게 편 상태에서 무릎을 굽히며 쪼그려 앉는다. 가장 낮은 자세로 잠시 버티다가 일어난다. 30초가 다 될 때까지 지속적으로 반복한다.
30초	팔굽혀펴기	무릎을 바닥에 대거나 의자를 손으로 짚은 상태에서 상체를 들어 올린다.

1분	복부 운동	등을 대고 누워 양 발을 의자 위에 올려놓는다. 두 손을 가슴 위에 엇갈리게 얹고 무릎 쪽으로 상체를 일으켜 세운다. 최고 높이에서 1초간 멈춘 후 내려가기를 반복한다. 이것 대신, 능력 테스트 9에 나온 3가지 복부 단련 동작들 중 아무거나 실시해도 동일한 효과를 볼 것이다.
1분	종아리 운동	의자가 너무 높으면 손으로 잡아 균형을 유지한다. 곧 운동할 다리를 거들지 못하게 다른 한 발을 지면에서 뗀다. 지면에 대고 있는 발의 뒤꿈치를 완전히 들어 올려 발가락으로 지탱한다. 1초간 멈췄다가 뒤꿈치를 내리고, 같은 동작을 반복한다. 30초 후에 다리를 바꿔 실시한다.
30초	트위스팅 리프트 (Twisting Lifts)	몸을 반쯤 눕히는 것으로 시작한다. 등을 대고 눕는 자세와 똑바로 앉는 자세의 중간에 해당한다. 몸을 왼쪽으로 돌리고, 양손에 무게를 실어 밀어 올리면서 앉는다. 오른쪽 방향으로도 반복한다. 이 운동은 팔굽혀펴기와 윗몸일으키기의 중간에 해당한다.
30초	트위스팅 싯업 (Twisting Sit-ups)	뒤로 누워 양 발을 의자 위에 올려놓고 양 손은 다시 가슴께에서 엇갈리게 얹는다. 왼쪽 어깨를 먼저 들면서 상체를 일으켜 왼쪽으로

• 고존으로 승부하라

30초	트위스팅 싯업 (Twisting Sit-ups)	튼다. 잠시 멈췄다가 상체를 내리고 다른 방향으로 반복한다. 이 운동은 '복사근(oblique abdominals)'을 단련시키고 '옆구리 군살'을 없애준다. 이 과정에는 5분이 소요된다. 시작부터 5분 동안 각 동작을 반복하여 10분짜리 근력 운동을 완성하라. 단순한 반복이 아닌 운동이 되어야 함을 명심하라. 허락된 30초나 1분 안에 몇 번 안 되더라도 제대로 운동하는 것을 목표로 삼아라. 절대 서두르지 말 것. 시계를 앞에 놓고 확인하면서 한 운동에서 다음 운동으로 쉼 없이 바로 넘어가라.
4분	정리 운동	30분짜리 과정에서 4분이 남아 있다. 이 시간을 이용해 천천히 걸어다니며 호흡을 깊고 고르게 하여 맥박수를 조절한다. 또 가벼운 스트레칭으로 긴장을 푼다.

방금 완수한 운동에 대해 자축하라. 여건이 된다면 당신을 기다리고 있는 현실 세계의 드라마들로부터 계속 초점을 멀리 하라. 직장이나 가정이 1~2분 정도는 기다려줄 수 있다. 다음번 고존에서 너끈히 따라잡고도 남을 것이다.

당신은 방금 좋은 일을 해냈고, 그것을 즐길 충분한 자격이 있다.

자유 시간이 부족하다면, 최소한 '나만의' 시간이라도 가져라!

■ 운동선수

AFL Club에서 트레이너로 일할 때 나의 역할은 선수들이 최상의 경기력을 보일 수 있도록 몸 상태를 최고로 유지시키는 것이었다. 이름은 밝히지 않겠지만, 한 선수가 체중이 좀 나갔었는데, 그 살을 확실하게 빼주는 것이 내 임무였다. 그것도 최대한 빠른 시일 내에!

우리의 계획은 간단했다. 그는 모든 정규 훈련이 끝난 후에 집으로 차를 몰고 갔다가 자전거로 바꿔 타고 15킬로미터쯤 떨어진 내 집으로 왔다. 그다음에는 내가 집에서 짜놓은 또 다른 운동 프로그램을 체육관에서 수행한 후 다시 자전거를 타고 귀가하는 것으로 야간 훈련을 마무리했다. 나는 그의 하루 소모 열량을 계산하고는 살이 빠질 수밖에 없다고 확신했다. 하지만 무슨 이유에서인지, 결과는 예상을 빗나가고 있었다.

실의에 빠져 있던 어느 날 밤, 나는 그 선수가 오기를 기다리며 창문 밖을 내다보았다. 그런데 커튼을 걷고 보니, 그는 벌써 도착해 있었다. 자전거를 현관 진입로에 눕혀 놓은 채, 땀을 뻘뻘 흘리는 것처럼 보이게 만들려고 정원 수돗물을 온 얼굴과 팔뚝에 뿌려대고 있었던 것이다.

나는 뭔가 이상하다는 걸 눈치 챘지만 내색은 하지 않았다. 그의 운동이 시작된 틈을 타 집 앞 여기저기를 살피고 다녔다. 그러다가 내 집에서 겨우 40미터 떨어진, 눈에 잘 안 띄는 작은 공간에서 뭔가를 발견했다. 그게 뭔지 아는가? 바로 그의 소형 트럭이었다! 그는 실은 자기 집으로부터 15킬로미터를 운전하고 왔다가 고작 40미터만 자전거를 타고선 이렇게 말해왔던 것이다.

"코치님, 저 왔어요. 준비 다 됐습니다."

나는 그 사실을 알고 있다는 티를 내지 않았지만 복수를 해주리라 단단히 결심했다. 즉, 제대로 한 번 운동을 시킬 작정이었다. 1시간 뒤, 체육관 프로그램을 마치고서 우리는 현관 진입로에 서서 작별 인사를 나누었다. 나는 그가 한쪽 다리를 자전거에 걸칠 때까지 기다렸다가 갑자기 다가가서 어깨를 잡고 이렇게 말했다.

"이보게, 자네가 너무 열심히 운동했으니 오늘 밤만 특별히 내가 집에 데려다주겠네."

자전거를 내 승합차 뒤편에 싣고서 우리는 그의 집까지 쭉 차를 몰고 갔다. 그 덕분에 그는 자기 트럭을 가져가기 위해 내 집에 다시 오는 길 내내 열심히 자전거 페달을 밟아야 했다.

마침내 그가 돌아왔을 때 나는 수풀 속에서 그를 기다리고 있었다. 그의 얼굴을 꼭 봐야만 했기 때문이다. 그때 그의 얼굴이 어땠는지 상상이 되는가? 그야말로 불타는 숯불처럼 벌겋게 달아올라 있었다!

정말로 능력을 재건하고 싶다면, '지름길'을 택하지 마라.

제11장

자신의 삶을
사랑하라

> 어제를 그리워하고, 내일을 꿈꾸고, 오늘을 살아라.
>
> — 잭 콘필드Jack Kornfield —

인간은 언제나 의미를 추구하며, 우리가 왜 지금처럼 행동하는지에 대한 많은 이론들이 있다. 소크라테스와 플라톤이 물꼬를 튼 이래 오랜 세월 동안 철학자들은 일과 가정 사이, 사회적 욕구와 금전적 욕구 사이의 균형을 유지할 필요성에 대해 많은 글들을 써왔다.

윌리엄 글래서 William Glasser 는 1925년에 아래와 같은 주장을 폈고 많은 사람들의 공감을 얻었다.

우리는 5가지 욕구에 의해 움직인다. 생존, 사랑과 소속,

내가 좋아하는 이런 이론은 우리의 전체론적 존재를 지탱하고 균형 잡힌 삶을 제공하는 기둥 역할을 하는 '의자의 네 다리'라는 상징을 사용한다. 그 이론에서는 따뜻함과 음식물과 생존에 대한 우리의 원시적 욕구는 이미 충족되었다고 가정한다. 삶의 네 기둥, 즉 의자의 네 다리는 사랑과 소속과 권력과 자유에 대한 욕구다.

이는 사실상 우리의 모든 욕망과 행동은 저 네 가지 중 한 가지 이상에 대한 욕구에 의해 촉발된다는 것을 의미한다. 이 이론을 믿는다면 그것은 우리 모두가 누군가에게 사랑받기를 원하고, 어딘가에 소속되기를 원하고, 나름의 권력을 원하고, 저마다 자유를 만끽하기를 원한다는 사실을 수긍하는 것이다.

흥미로우면서 꽤 논리적인 가설인데, 여기엔 다음과 같은 반전이 있다. 이 이론은, 우리가 의자의 어느 한 다리에 더 많이 기대는 것처럼, 거의 우리 모두에게 따로 총애하는 기둥이 있다고 주장한다. 그것은 거의 기본 기둥 또는 주된 다리 격이다. 그러므로 우리는 나름 균형 잡혀 있지만 정말로 그렇지는 않다!

우리는 친밀하게만이 아니라 평판 면으로도 사랑받기를 원한다. '어디든 달려가는 최고의 배관공, 하비Harvey가 있습니다.' 장화에 묻은 오물을 씻어내면서 하비가 이 말을 들으면 어찌 기쁘지 않겠는가?

우리는 무언가의 일부가 되기를, 즉 소속되기를 원한다. 우리 사회는 크고 작은 도시와 스포츠 클럽 및 사교 클럽, 그리고 20년 이상 복무할 특정한 유형의 사람을 끌어들이는 봉토화한 기업들을 기반으로 한다.

우리는 권력을 원한다. 꼭 우두머리가 되진 않더라도 남과 다르고 영향력을 지니게 되기를, 스스로 결정하고 통제하기를 원한다. 또한 자기가 제일 잘하고 좋아하는 일을 할 자유, 시도 때도 없이 누군가에게 대답하지 않아도 되는 자유를 원한다.

그 다리들 중 어떤 것에도 잘못된 점은 없다. 하지만 당신은 어떤 다리에 더 애착이 가는가?

인정하건대, 나는 이 가설을 처음 읽었을 때 마음 한구석이 뜨끔했다. 속내를 완전히 들켰거나 적어도 비쳐 보이기라도 한 것처럼 말이다. 나는 네 다리 전부를 좋아하지만 다른 것들보다 더 좋아하는 것이 하나 있는데, 그것은 자유다. 그 어떤 것보다 내 가족을 사랑하고 남들한테 일 잘한다는 소리를 들으면 기분이 좋아지고, 주변에 영향력을 행사하는 것도 좋아하지만 나를 움직이는 것은 자유에 대한 욕구다. 늘 그래왔고, 앞으로도 그럴 것이다.

항상 이런 관점에서 생각해온 것은 아니지만 회계학과 인간의 운동에 대해 심도 있게 공부할 기회가 생겼을 때 나는 후자를 택했다. 정시 출퇴근하는 안정된 직장과 창업 중에서는 창업을 택했으며, 한창 시즌 중에 가족을 줄줄이 원정 경기에 데리고 다니는 수많은 선수들이나 코치들이 이해가 되지 않았다. 자유가 언제나 유혹의 손짓을 보냈다.

나는 자유에 대한 욕구에 의해 몸과 마음이 움직였기 때문에 저런 결정들은 내리기가 아주 쉬웠다. 내 '의자'는 내가 자유라는 다리에 기대고 있을 때 더 균형 잡힌 것처럼 느껴진다. 고존이 나와 매우 잘 맞는 이유는 바로 그래서다. 나는 가능한 한 빨리 일을 끝낸 다음 밖으로 나가서 신나게 놀고 즐긴다. 당신은 어떠한가?

자신이 좋아하는 삶을 사느냐 그렇지 못하느냐는 온전히 자기 자신한테 달려 있다. 만약 사랑이 당신의 주된 '기둥'이라면 당신은 사람들한테 사랑받고 인정받기 위해 할 수 있는 모든 걸 하고 싶을 것이다. 약속이란 약속은 다 지키며 누구도 실망시키고 싶지 않을 것이다. 앞장서서 도움의 손길을 내

밀고, 하는 일에서 최대한 유능하길 원할 것이다. 이렇게 되도록 고존이 당신을 도울 것이다.

만약 소속감이 당신의 주된 기둥이라면 당신은 어떤 팀의 일원이 되고 의지하고 연락할 수 있는 대상이 되는 것에 자부심을 느낄 것이다. 또 조직과 대의명분에 헌신하는 모습을 보여주기 위해 많은 걸 감수할 것이다. 관계를 유지하고 강화하면서 늘 그 고리의 일부이기를 바랄 것이다. 고존이 이 모든 것들이 이루어지게 할 수 있다.

권력이 당신의 동인이라면 당신은 어떤 일을 해치우고 영향력을 행사하면서 더 크고 더 좋은 일로 나아갈 필요가 있다. 고존은 모든 주요 결정이 내려지는 곳으로, 당신이 옳은 결정을 내리고 바람직한 영향을 끼쳐 그로 인하여 더 많은 권력과 통제력과 영향력을 획득하는 데에 중대한 역할을 담당한다.

만일 당신의 주된 기둥이 권력인지 자유인지가 분명하지 않다면 이런 식으로 생각해보라. 실세는 무언가에 대한 결정을 내리고, 그 결정을 수행한 뒤 다음 순서로 나아가는 과정에서 대단한 자부심을 느낄 것이다. 자유의 전사는 결정 하나를 내리고선 하루 일과를 마감할 것이다. 사랑하는 삶을 살고 싶다면 먼저 자기가 의자의 어떤 다리에 가장 많이 기대는지를 곰곰이 생각해보라.

다음으로, 올바른 환경에 처하게끔 삶을 설정하라. 권력이나 소속감보다 자유가 더 좋다면 큰 조직에서 하루 12시간씩 일하지 마라. 권력에 목이 마르다면 아무 영향력이 없다고 느끼는 환경에서나 결정권이 없는 자리에서 남을 위해 일하지 마라. 소속감을 느끼고 싶다면 소규모 비즈니스나 고립된 근무 환경은 피하고, 정말로 사랑받고 싶을 때 누구도 당신의 진가를 알아봐주지 않는 상황에 자신을 방치해두지 마라. 부담스럽게 들릴지 모르지만 이것이 목적 달성으로 나아가는 지름길이다.

셋째, 고존을 자신에게 최대한 유리하게 사용하라. 당신이 유력 인사라면 결정을 내리는 일에, 당신에게 소속감이 지극히 중요하다면 관계를 유지시키는 일에, 당신이 누군가의 연인이라면 재능을 펼쳐 보이는 일에, 또 당신이 자유를 원한다면 지긋지긋한 구속으로부터 벗어나는 일에 이용하라는 얘기다.

마지막으로, 오래 오래 당신이 살고 싶은 방식을 뚝심있게 고수하며 행복하게 살아라. 고존이 그렇게 되도록 당신을 적극 도울 것이다.

■ 어부

어느 성공한 미국인 투자 자문역이 멕시코 해변의 한 작은 마을을 방문했을 때였다. 마침 그때 어부 한 명만을 태운 소형 선박이 부두에 닻을 내리고 있었다. 그 배 안에는 커다란 황다랑어 서너 마리가 있었다. 방문객은 멕시코 어부의 뛰어난 솜씨를 칭찬하며 그 물고기들을 잡는 데 시간이 얼마나 걸렸느냐고 물었다. 어부는 "조금밖에 안 걸렸다"고 대답했다. 그러자 미국인은 왜 좀 더 머물면서 더 많은 고기를 잡아오지 않았느냐고 물었다. 어부는 자기 가족에게 당장 필요한 만큼은 잡았노라고 대꾸했다. 그러자 미국인이 또다시 물었다.

"그럼, 남는 시간에는 뭘 하시나요?"

"늦잠도 자고, 고기도 좀 잡고, 애들하고 뛰어놀기도 하고, 아내와 낮잠도 즐기고, 저녁마다 읍내로 산책을 나가 와인을 마시고, 친구들과 기타도 치지요. 나름 풍족하고 바쁘게 산답니다."

어부의 대답에 미국인이 코웃음을 쳤다.

"제가 하버드대 MBA 출신이니까 도움을 좀 드리지요. 일단 고기 잡는 데에 시간을 더 쓰셔야 합니다. 그렇게 번 돈으로 더 큰 배를 사시고요. 그 큰 배에서 벌어들인 돈으로 배를 몇 척 더 살 수 있지요. 그러다 보면 어선 함대를 거느리게 될 거예요. 잡은 고기들은 중간상인을 거치지 않고 바로 통조림을 가공하는 사람에게 파세요. 아예 직접 통조림 공장을 세워도 되고요. 그럼 상품과 가공, 유통 과정을 직접 통제할 수 있게 되지요. 그 쯤 되면 이 작은 마을을 떠나 멕시코시티 같은 곳으로 이사할 수도 있어요. 그다음엔 LA, 종국에는 뉴욕에까지 본격적으로 진출하고요. 거기서 사업 규모를 넓혀가는 거죠."

멕시코인 어부가 물었다.

"하지만 그렇게 되기까지 시간이 얼마나 걸리죠?"

"15년 내지 20년요."

"그다음엔 어떻게 되는데요?"

미국인이 껄껄 웃으며 말했다.

"그 부분이 최고예요. 때가 되면 기업 공개를 선언하고 회사 주식을 팔아 큰 부자가 되는 겁니다. 수백만 달러를 벌어들일 거예요!"

"수백만 달러라……, 그다음은요?"

"은퇴하는 겁니다. 작은 어촌으로 이사 가서, 아침에 늦게 일어나, 가볍게 낚시질하고, 애들과 놀아주고, 아내와 낮잠을 즐기고, 저녁에는 읍내로 산책 나가 와인을 마시며 친구들과 기타를 치는 생활을 누릴 수 있어요!"

"난 지금 그렇게 살고 있는데요!"

제12장

핑곗거리가 없다

누구나 부정적인 생각을 한다. 도전 과제는 그런 생각을
처리하고 그런 생각대로 되지 않는 것이다.

— 폴 루스Paul Roos —

성공은 자신을 추적하는 우리를 위해 몇 가지 단서들을 남겨왔다. 우리는 경기 준비 요소들을 취함으로써 어떤 환경에서든 최상의 상태에 있을 수 있다. IPS에 있다는 것은 에너지와 집중력이 최고로 높은 수준임을 의미한다. 또한 IPS는 이 경지에 이르기 위해 얼마간 희생을 치름으로써 고차원의 투지를 만들어낸다.

IPS와 고존에 있을 때면 상대적으로 방해물이 덜 성가시고 핑곗거리가 덜 그럴듯하게 여겨진다. 그것은 우리가 무언가를 새롭게 준비하고, 실행하고, 성공으로 이끌어갈 때 느끼는 매우 만족스러운 기분이다.

우리는 고존을 효과적으로 만들기 위해 알아야 할 모든 것을 알고 있다. 이제 우리가 어떻게 하느냐에 따라 고존은 우리와 우리의 비즈니스에 매우 유익한 존재가 될 수도 있고 그렇지 않을 수도 있다. 그러나 앞으로 7일 이내에 첫 고존에 많은 노력과 정성을 쏟는다면 세 가지 존(고존, 슬로존, 노존) 전부를 우리의 삶 안으로 영구히 통합시킬 수 있게 될 것이다.

고존 시스템은 훌륭한 습관이며, 생산성을 대폭 향상시키는 테크닉이다. 필요할 때 최고 수준의 수행을 강화하라.

슬로존에서는 유유자적하라. 그리고 자신이 절정의 상태에 있지 않다는 사실에 스트레스 받지 마라. 당신은 여전히 많은 일을 해치울 테지만, 그 일은 아주 중요한 일은 아닐 것이며 시간만 조금 더 걸릴지 모른다.

노존을 실컷 즐겨라. 생기를 되찾고, 에너지를 회복하고, 당신을 위해 뭔가를 행하라. 다음번 고존이 지난번 고존 못지않게 훌륭하게 유지되도록 활기를 다시 불러 모아라.

내 경우에 그랬듯이 나는 고존이 프로그램에 대해 배운 수많은 사람들에게뿐 아니라 당신에게도 통할 것임을 안다.

핑곗거리가 없다. 그러니 고존에 들어가 그것이 가져다줄 성공과 자유를 맘껏 즐겨라.

이젠 시간을 관리하지 말고
시간을 '창출'하라!

요즈음, 서바이벌 형식으로 요리 경연을 벌이는 TV 프로그램을 즐겨 시청한다. 굉장히 화려하고 입 안에 군침 돌게 하는 음식들이 보기만 해도 눈이 즐겁고 그 맛을 상상하는 재미 또한 쏠쏠하지만 진행 과정에서 이 책 내용과 일맥상통하는 부분이 적잖게 눈에 띄어 흥미롭다.

주어진 시간 안에 주제에 맞는 작품^(음식)을 내놓아 평가받는 방식에 대해 참가자들이 대처하는 모습은 다양하다. 창의적이고 독특한 요리를 선보이는 사람이 있는가 하면, 반대로 평범하고 진부한 사고의 틀에서 벗어나지 못하는 사람이 있다. 완성된 요리를 보기 좋게 그릇에 담아내는 사람이 있는가 하면, 훌륭한 맛을 빚어내고도 식욕을 떨어뜨리게 담아내는 사람도 있다. 여유로운 태도와 노련한 손놀림을 보여주는 이가 있는가 하면, 내내 시간에 쫓기다 제대로 마무리를 하지 못하는 이도 있다. 똑같은 식재료를 가지고도 저마다 다른 해석과 조리법으로 각양각색의 요리가 만들어진다.

우리네 삶의 축소판 같은 제작 현장에서 저자 마크 맥키언의 손에 마이크를 쥐어준다면, 책의 이 페이지 저 페이지를 들춰가며 조리대들 사이를 신나게 누비고 다닐 것 같다. '고존'의 의미와 지혜로운 활용법에서부터 '슬로존'과 '노존'의 존재 이유와 고존과의 관계 및 몰입도를 높이는 요령과 IPS를 이루기 위해 준비하고 갖춰야 할 사항이 무엇인지에 이르기까지 참가자들에게 설명해주고 싶어 하는 이야기가 한두 가지가 아닐 것이다. 프로 스포츠 팀의 훈련 코치로 다년간 일한 경험을 바탕으로 시간을 효율적으로 관리하고, 더 나아가 시간을 '창출'하는 비법을 독자들에게 전수하고자 하는 저자의 시도는 현실성을 담보로 강한 설득력을 얻는다. 또한 살아가다 보면, 많은 지식을 쌓고 과제 수행에 몰입할 준비를 갖추고도 체력이 딸려 고비를 넘지 못하는 경우가 얼마나 많은가. 저자는 자신이 목표하는 바를 올바르게 이해하고 구현하는 방법을 모색하는 과정에는 정신적 무장만이 아니라 육체적 단련도 동반되어야 함을 강조하면서 체계적인 훈련 프로그램까지 친절하게 제공한다.

이 책에 담긴 현실적인 조언과 구체적인 실천 방안들은 우리 생활의 여러 영역에 얼마든지 다양하게 적용될 수 있다. 관건은 개개인이 어떻게 이를 자신에게 주어진 각기 다른 도전 및 상황과 접목시켜 나가느냐는 것. 어쩌면 궁극적으로 저자가 우리에게 바라는 것, 우리가 제대로 이해하고 요리하고 마스터해야 할 것은 '시간'과 '과제'를 뛰어넘어 '자기 자신'이 아닐까